JN026758

中央法規

はじめに

仕事としての介護を私は続けてきました。その現場は、病院・在宅・介護施設とさまざまですが、介護現場には、いつも認知症のお年寄りがいました。

学校を卒業して入職した病院で、認知症を理由に薬漬けとなり、ベッドに縛り付けられているお年寄りに出会ったときのことは忘れられません。先輩から、薬でおとなしくしてもらうこと・縛ったり閉じ込めたりして認知症のある人の安全を確保することが仕事だと指導を受けました。

言われた通りを繰り返す日々のなか、開かない扉を叩くお年寄りや、言葉も発せられないほどボンヤリしている様子を見て「こんなのおかしい」と思うのに時間はかかりませんでした。しかし、何がどうおかしいのか、行動制限以外にどうやって認知症のお年寄りのケアをすればよいのか、それをこの職場で業務とするにはどうしたらよいのか、新人の私には学ぶ方法さえわかりませんでした。

その後、介護施設に職場を移し、私は介護職から多くを学びました。介護職たちは、薬・鍵を使わず、縛る行為をせずに認知症のお年寄りが望むケアを話し合い・考え・実践し、積み上げていました。それは、とても頼もしくすばらしい介護です。

しかし、しばらくすると、どうしても認知症のお年寄りを受け容れられず退職する若い介護職がいることに気がつきました。認知症のお年寄りへのケアのやり方は教えてもらったけれど、自分の心がどうしてもつらくなることを、どうしてよいのかわからないと、泣きながら話す職員もいました。その介護職の言葉を聞いて、私は在宅介護で苦しむ家族の言葉が重なりました。「やさしくしたい。ちゃんと介護したい。だけど、本人の行動を目の当たりにすると、感情がたかぶってどうにもならない……」私は、この気持ちをもつ家族と介護職に応えたいと思いました。

家族という深い関係のなかで苦しむ家族と、プロの介護職として育成途上にある新人介護職たちがもつ「認知症のある人の介護のしんどさ」は違います。この違いを整理することで、家族だからできる介護・できない介護、プロだから望まれる介護・やるべき介護が明らかになり、家族と私たち介護職をつなぐことができると考えました。

本書は、①認知症のある人への具体的なかかわり方を示すことで、②認知症のある人と向き合っている今の自分に気づき、③自分で自分を整える。この3つの視点を柱に構成されています。

具体的な場面として、47事例を示しています。場面設定は、施設（デイサービス、ショートステイ含む）と在宅の2場面を想定しました。

施設の場面では、焦る介護職が「よくない介護」をする場面が多く出てきます。まずは、それがどうしてよくないのかを説明し、ではどうすればよいのかを事例ごとに具体的に示しました。プロの介護職たちが何につまづき、成長していくのかを家族が知ることで、介護サービスを利用する際に「よりよい介護」を見極める視点をもっていただけるようになると思います。

また、在宅の場面では、認知症のある人を介護する家族の心の動きや疲れを、事例として文章にしました。ご自身の介護を思い浮かべながら目を通してください。「そうそう！　この通り」「違う、違う、私は違う！」と自分を振り返ることができます。それによって、明日からの介護が変わることになるでしょう。

歳をとれば誰でも認知症になります。安心して認知症になれる環境づくりが、きっと私たちが暮らしやすい地域づくりにつながる。そういう思いで、一人でも認知症のお年寄りの介護を苦手にする人がいなくなることを願って書きました。

2023年3月　髙口光子

目　次

はじめに …i

問題行動をしているのは誰？ …002
精神活動は障害されない …003
・自分なき者に介護はできない …005
よい介護・悪い介護の差 …006
認知症のある人の思わぬ行動を応援する …009
・思わぬ行動に出合ったときの私の反応 …009
・自分の心の動きを意識する …009
・行動をやめさせたり、制限しない …010
・マイナスの反応をプラスに変える …011
認知症のある人の体調不良を常に疑う
――いつもと違うと思ったら観察する …012
・便秘 …012
・脱水 …013
・病気やケガにも細心の注意を …015
プロの介護と家族の介護の違い …016
・プロの介護とは …016
・プロの介護はチームで行う …017
・家族が介護する意味とは …018
認知症ケアは自分自身を見つめ直す行為 …019

知識編

第2章

声のかけ方・接し方 髙口流 5ステップ

髙口流５ステップを始める前に …022

髙口流５ステップで人間関係をつくる …022

髙口流５ステップのポイント …023

・ステップ１　傾聴 …023

・ステップ２　受容、共感 …024

・ステップ３　繰り返す・ほめる …025

・ステップ４　質問 …025

・ステップ５　ケアへの声かけ …026

髙口流５ステップ表について …028

髙口流５ステップをやってみよう …028

・事例A　便器で顔を洗っていたミツさんと中堅職員 …028

・事例B-①　家に帰ろうとするミツさんと新人職員 …031

・事例B-②　家に帰ろうとするミツさんと中堅職員 …034

失敗を恐れないでやってみる …035

実践編

第3章 高口流 5ステップ 47事例

事例1 食べ物で遊んでなかなか食べてくれない …038
事例2 口の中にある物をわざとぷーっと吐き出す …041
事例3 食べ物を口から取り出す …044
事例4 隣の人の食事を食べてしまう …047
事例5 介助中「あんたも食べなさい」と言って勧めてくる …050
事例6 「食事をしていない」と大声で訴える …053
事例7 自分の好きな物を誰にでも勧める …056
事例8 寝たきりの人の口に食べ物を入れる …059
事例9 食べ物でない物を口にする …062
事例10 薬を飲むことを嫌がる …065
事例11 水分を摂ってくれない …068
事例12 部屋の隅のゴミ箱に排尿する …071
事例13 認知症の父親を怒鳴ってしまう …074
事例14 汚れた下着を隠す …077
事例15 パッド交換に激しく抵抗する …080
事例16 オムツ交換をしようとすると怒り出す …083
事例17 便を触って汚してしまう …086
事例18 季節外れの服装でも着替えない …089
事例19 衣服が汚れても脱いでくれない …093
事例20 お風呂に入るのを嫌がる …096
事例21 入浴介助中に胸を触ってくる …099

事例22　人前で裸になろうとする …102
事例23　目の前にある物を「なくなった」と言って探す …105
事例24　もともとない物を「あるはずだ」と言って探す …108
事例25　「お金を盗られた」と言って騒ぐ …111
事例26　同じ物を何個も買う …114
事例27　バナナの皮を「大切だ！」と言ってため込む …117
事例28　他の人の物を持ってきてしまう …120
事例29　レクの最中に立ち上がってウロウロする …123
事例30　すぐ外に出て行こうとする …126
事例31　夕方になると家に帰ろうとする …129
事例32　断りなく他の人の部屋に入る …132
事例33　同じことを何度も聞いてくる …135
事例34　現実にはない物が「見える」「聞こえる」と訴える …138
事例35　ナースコールで何度も呼びつける …141
事例36　話しかけても返事をせず自分の世界に入っている …144
事例37　いきなり人を叩く …147
事例38　突然大声で怒鳴り出す …150
事例39　自室で性的な行動をとる …154
事例40　意思表示できない異性のベッドにもぐり込む …157
事例41　職員を家族だと思い込む …160
事例42　息子の妻を浮気相手だと思い込む …163
事例43　いつもと違う行動をする …166
事例44　夜中に大声を出して歩き回る …169
事例45　バイタルチェックを拒否する …172
事例46　夜中に大声で泣き続ける …175
事例47　夜、寝ないで何かをしている …178

あとがき …181
著者紹介

知識編

第1章

認知症ケアの基本姿勢

問題行動をしているのは誰？

認知症は、もの忘れ（記憶障害）などを主な症状とした脳の病気です。認知症になると、もの忘れの他にも思考力や判断力が低下したり、見当識が失われるといった認知機能障害が後天的に起こります。こうした、どんなタイプの認知症にも共通して現れる症状を「中核症状」といいます。

想像してみてください。ものが覚えられない、見当がつかない、考えられない、決められないといった症状のある人が初めて訪れる場所に行き、そこにいる人のほとんどがなじみのない人ばかりだとしたら、どんな気持ちになるでしょうか。とても不安ですよね。さらに、介護者がその人を急かせたり、恥をかかせたりしたらどうでしょう。もともと不安なのに「さっさと食べてください」とか「さっきも聞きましたよ」と言われたら、どんな気持ちになるでしょうか。ますます不安が強くなると思いませんか。その結果、「家に帰ります」と言ったり、怒り出したり、強く拒否したりするのです。これを私たちは昔、「問題行動」といっていました。現在は「周辺症状（BPSD：認知症の行動心理症状）」といわれています。

しかし、おかしいと思いませんか。かかわる人（私たち介護者）

用語解説 **見当識とは**

「見当」というのは、当たりをつけるという意味です。だいたい何時ごろかなと時間の当たりをつける。この人はどういう人かなと人物の当たりをつける。今３階かなと場所の当たりをつける。こういったことを「見当をつける」と言います。その見当を認識することが見当識です。見当識が障害されるということは、だいたいの当たりがつけられないことになります。

のせいで不安が強くなり、怖くなっているのだし、緊張したことが引き金となって、帰ろうとしたり、大声を出したり、不眠になったりするのです。「問題行動」といわれるべきは、そのきっかけをつくった私たち介護者のほうにあるともいえます。

認知症ケアの基本姿勢は、認知症のある人は中核症状のために常に不安な状態にあると思ってかかわることです。そして、自分だったらどう思うだろう、自分ならどうしてほしいかな……と、自分に置き換えて相手の気持ちを想像してみることです。ここから認知症のある人への介護は始まります。この想像ができない人には、認知症ケアはかなり難しいでしょう。

精神活動は障害されない

認知症のある人は、中核症状により認知機能が障害されていますが、イライラする、ホッとする、気持ちいい・悪い、嬉しい・悲しいといった精神活動は障害されていません。つまり、認知症になっても心は生きているのです。ここをしっかり押さえてください。

では、認知症のある人に対して、よくない環境で、よくない対応をした場合、どのような感情になり、どのような反応をするでしょうか。「見当識に障害のある人が、初めての場所に来たとき、どんな気持ちになるだろう？」「急かす人と一緒にいたら、どんな気持ちになるだろう？」「怒った口調で話しかけられたら、どんな気持ちになるだろう？」、こうしたことを自分に置き換えて考えてみましょう。そして、日常業務から離れた職場の勉強会や研修会で意見を出し合ってみてください。「とても怖く思うんじゃないかな」「イライラするんじゃないかな」「腹が立つんじゃないかな」など、いろいろな意見が出てくると思います。

ここで大事なことは、もともと中核症状のある人に、環境因子が

[図] 認知症ケアの基本的な考え方

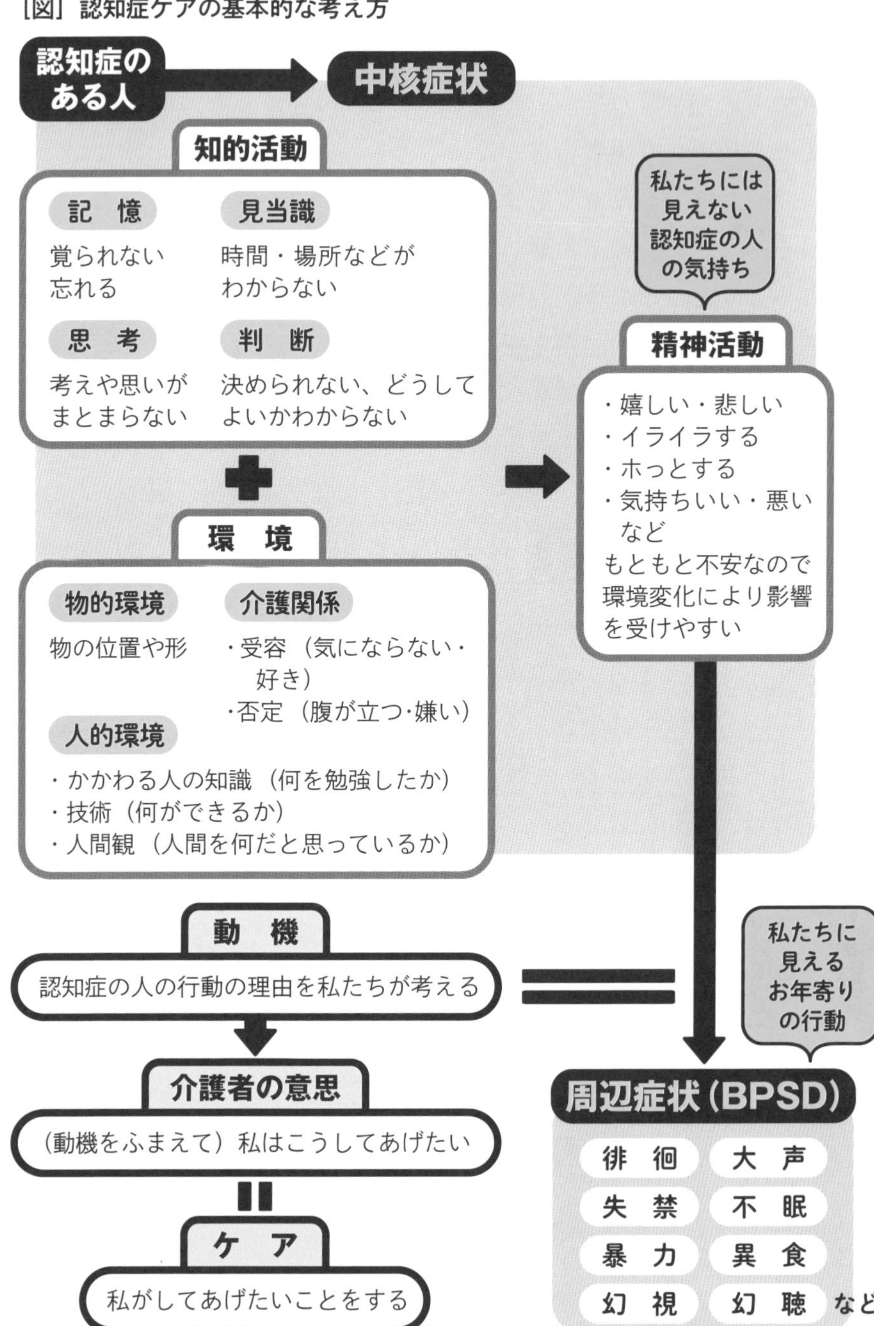

加わることによって精神活動（感情）が変化するということです。人的環境である介護職や家族のかかわり方によって、認知症のある人は気持ちよく過ごすこともできるし、反対に周辺症状（BPSD）が出現して、苦しむこともある。だから、私たちがどうかかわるかが認知症のある人のケアでは深く問われるのです。

●自分なき者に介護はできない

介護の基本姿勢は、「自分に置き換えて考えてみる」「自分がされて嫌なことは人にはしない」です。これは、相手の気持ちを慮（おもんぱか）って、心配し、どうしてあげたらいいだろうということを考えて、ケアを提供する、ということです。ですから、「自分の思いや考えのない人に介護はできない」ということになります。

用語解説 **物的環境・人的環境・介護関係**

・**物的環境**：目に見える生活基盤のこと。その人の姿勢を保持して、動作を引き出し、行為として安定する物が使いやすく配置されている状況が望ましい物的環境といえます。

【例】その人の動きを支える手すり。その人の体型や動作にあった椅子やテーブル、ベッドの高さなど。

・**人的環境**：支援する人のかかわり方、またはその状況のこと。その人のできること・できないことを明らかにして、できることは一緒にする。できないことは手伝います。

【例】その人のために、勉強をし、練習し、話し合い、同じ方向性をもってかかわるチームなど。

・**介護関係**：介護を受ける者・介護を提供する者との人間関係のこと。

【例】この人の笑顔が見たい。この人と一緒にいて喜ぶことをしたい。この人に腹が立つ。この人は苦手。嫌いでかかわりたくない。

私たちが仕事として提供するサービスは、介護です。介護とはただ画一的に行うものではなく、状況や環境をふまえて、相手に応じて、臨機応変に提供することです。

よい介護・悪い介護の差

介護にはよい介護と悪い介護、つまり質の高い介護と質の低い介護があります。

事例で説明します。職員が夜間巡回していると、おばあさんが起きていて、ベッドの上でごそごそしていました。「あら、おばあちゃん、起きてるの？」と、職員はおばあさんが寝ていないことに気づきました。夜に寝ないとしんどいよね、ごそごそしてベッドから落ちたら危ないな、と心配になり、「おばあちゃん、大丈夫？　眠れないの？」と声をかけました。すると、振り向いたおばあさんの口の周りにはウンコがべっとり。手のひらもウンコだらけです。そして、ウンコを丸めてお団子みたいにして「お前も食え」と言ってきました。さて、この職員はどのように対応したでしょうか。

職員A「何やってるんですか！　もう、ウンコなんか丸めて。やだ！　近づかないで！」

職員B「ひぇ！　汚い！　二度とこんなことしないように縛ります。薬で眠らせます」

職員C「昼間はボーッとして寝ているような起きているような感じだから、夜は目が覚めて退屈なのかな。それでウンコで遊んじゃったのかな」

職員D「ウンコを触っているということは……。ああ、今日は下剤を飲んでいるから、自分で何とかしようと思ってこんなになっちゃったのかな。下剤を飲んだときには、もっと早めにトイレ誘導しよう」

職員E「このおばあちゃんは認知症で何もできないって言われてるけれども、こんなにウンコを丸めるのが上手なら、明日、白玉粉を準備して、みんなでお団子大会をやってみたらどうかな」

おばあさんがウンコを丸めて「これ食え」と言ってきたら、誰でも瞬間的に驚いて、ドキドキして、嫌悪の感情を抱くでしょう。マイナスの気持ちをもつのは当然です。しかし、マイナス感情をそのまま相手にぶつけたり、相手の気持ちを考えないままに行動制限するのは、悪い介護です。

私たちは驚きながらも、まずはおばあさんに声をかけ、手を洗い、着替えをしてもらおうとします。しかし、その先が「ミトンを着けろ」「Y字ベルトを着けろ」「つなぎ服を着せて二度と触らせるな」「薬で眠らせて何もできないようにしろ」といった感情のままの反応の人もいれば、驚いたのは驚いたけど、トイレ誘導を検討したり、介護者同士で話し合っていろいろな提案をもち寄り、例えば白玉団子大会を開くことを考えるなど、かかわる人によってこれだけの差が生じるのです。

これを「介護の質の差」といいます。自分の驚きと嫌悪の感情を自分自身が受け止めることをせず、その感情のままに、縛る、閉じ込める、動けないようにするというのでは、そこには専門性も何もありません。不快感情をそのまま認知症のある人にぶつけるのは、不適切ケアです。さらに感情のままに何も考えず行動制限をすることは、法律で禁止されている身体拘束です。一方的な身体拘束を、組織的に集団で継続的に行うことを虐待といいます。これらを悪い介護、質の低い介護といいます。

自分のしている介護が、よい介護なのか悪い介護なのかを自分に繰り返し問いかけていきましょう。自分の介護を振り返らない介護者が、不適切ケアや身体拘束、ひいては虐待を行うようになるということも覚えておいてください。

先に説明したように、中核症状は認知症のある人に共通して出現する症状です。そこに環境因子が加わり、精神活動の変化が動機となって行動として表出してくるのが周辺症状（BPSD）です。この周辺症状を見た・受けた介護者がマイナス感情だけで周辺症状をとらえると、困った嫌な行動となり、その認知症のある人を困った嫌な人にしてしまい、人間関係が悪くなります。

先の白玉団子大会を提案した職員Ｅさんの話の続きです。レクリエーションでやってみると、「この人認知症なのに、お団子つくれるの？」「大丈夫だよ。見ててごらん」「ああ、おばあちゃん、お団子丸めるの上手だね！」「Ｅさんは、何でこのばあちゃんが団子をつくるの上手って知ってたの？」「それは、おばあちゃんと私の秘密だね」と笑顔で一緒にお団子をつくりました。こんなふうに、楽しい場面をつくることから、認知症のあるお年寄りと一緒にいる人の笑顔を引き出せる介護職になりたいですね。

認知症のある人の思わぬ行動を応援する

●思わぬ行動に出合ったときの私の反応

認知症のある人は思わぬ行動をします。あなたがビックリするようなことや嫌なこと、「えっ、そんなことしちゃう!?」といったことです。脳の病変や心の内側は目に見えません。だから初対面では、この人が認知症だということはわかりません。「この人は認知症だな」と気づくのは、トイレではないところでオシッコをしてしまったり、隣のおばあさんのご飯を食べてしまったり、おしぼりをずっとしゃぶっていたり、お風呂に入りましょうと誘ったら「もう入った、入った」と言ったりする場面に遭遇したときでしょう。こうした驚きの行動に接したときに、私たちは初めて認知症のある人の存在を意識します。

そのときにただ驚くのではなく、その行為を認知症のある人からのコミュニケーションの挑(いど)みと、とらえてほしいのです。認知症のある人の思わぬ行動に出くわすとビックリします。「大人が、トイレじゃないところでオシッコするなんて！」と。しかしこれは、認知症のある人が私たちへ、「お前たちは、私がどうしてほしいのかまだわからんのか」と伝えているのです。

コミュニケーションを挑まれたのは、介護をしている私たちです。先述した通り、介護の基本は、自分がされて嫌なことは人にはしないということです。認知症のある人の思わぬ行動を受けて行っている私の介護には、思いや考えがあるかどうかを自分自身に問いかけてみてください。

●自分の心の動きを意識する

認知症について研修会などで学ぶことは大切なことです。学んでいたからこそ、その思わぬ行動が認知症の症状であることに気づけるのです。そして、頭で知っているだけでなく、心を動かされている自分に気づいてください。ビックリした、怖かった、嫌だったという感情です。そう思っている自分に気づくことが大切です。認知症のある人の心の動きをとらえるのと同じくらい、またはそれ以上に重要なのが、自分の気持ちを見失わないことです。

介護者の中には、利用者を嫌だと感じてはいけないと思っている人たちもいますが、利用者のことだけにとらわれて、介護者が自分の感情の動きに気づけないのは危険です。なぜなら、自分の感情に気づいてそれを大切にできないと、他人の感情の動きに気づいたり、それを大切にすることはできないからです。あなたが認知症のある人と出会って、嫌だなと思ってもいいのです。その自分の心の動き＝反応をそのまま受け止めてください。

あなたが介護を長くしている先輩の立場だったら、後輩に対して「ビックリしたね、しんどかったね、怖かったね、こんな人がいるって驚くよね。それによく気がついたね」と声をかけてあげてください。

●行動をやめさせたり、制限しない

コミュニケーションを挑まれたあなたは反応をします。このときの反応には、プラスの反応とマイナスの反応があります。

「はとぽっぽ〜」と夜中に歌うおじいさんがいたとします。プラスの反応は、「あ、出ました、はとぽっぽ。これで夜勤もいよいよ折り返し地点だ、頑張ろう！」と、その行動に出合った自分が、楽しく元気になれるのがプラスの反応です。一方、「うるさいな、夜なんだからおとなしくしてくれないかな」と、その人を静かにさせようとする、つまり行動を制限しようとするのがマイナスの反応です。

そして翌朝、隣室の人から「一晩中“はとぽっぽ、はとぽっぽ”ってうるさくて、わたしゃ一睡もできませんでしたよ。あの人どうにかしてください！」と言われたら、あなたはどうしますか。このときに「はとぽっぽ」を歌っているおじいさんに睡眠薬を出すのは質の低い介護です。おじいさんは夜中に歌いたいのです。「あのじいさんが一晩中歌ってるから一睡もできん！」と抗議する人に対して、介護職が「ごめんなさいね」と謝り、この人が眠れるための対策を検討します。

こんなケースもあります。魚の行商を長年していたおばあさんは、夜になると「魚が捕れたよ〜」と、他の人の部屋のドアを開けて歩きます。一緒に暮らしていてこの行動に慣れた人は「今日はいりませんよ」とか「そうかね。そこに置いといて」でおしまいです。けれども、ショートステイ初回利用のおじいさんは、「夜中にばあさんが魚を売りに来た。目を開けたらばあさんの顔が目の前にあってビックリした。どうにかしてくれ！」と訴えます。このおじいさんは、おばあさんが来て怖かったという状況をちゃんと順序立てて職員に報告できるぐらいしっかりした人ですし、判断能力が高いといえます。こういう人には「寝るときにお部屋に鍵をかけましょうか？」と尋ねて、本人が望めばその人の部屋の内側に鍵を付けます。生活支援の場の鍵は、自分の意思で閉めて、自分の意思で開けられる鍵以外、決して付けてはなりません。そうです、魚売りのおばあさんを部屋に閉じ込めることはしてはいけないのです。

●マイナスの反応をプラスに変える

マイナスの感情にとらわれて、認知症のある人の行動をやめさせようとしたり制限してはいけません。私たちがすべきことは、自分のマイナスの反応を知識や思考でプラスの反応に変えて、認知症のある人がやりたいことを安全に行えるように応援することです。

夜中に廊下を歩いているお年寄りと出会ったとき、「おっ、先生、今日はどちらへ」「いや、今から授業へ行ってまいります」「あ、授業、３年Ｂ組ですね、お疲れさまです。角を曲がったら３年Ｂ組の手前にトイレがありますので、先生がちょっとそこに立ち寄っていただきますと、子どもたちも喜ぶと思います」「よし、わかった。行ってやろう」「ありがとうございます」というように、思わぬ行動に出合ったとき、これがおじいさんだもんね、と嬉しくなったり、楽しくなったりするように自分で自分を整えられたら、あなたはプラスの反応ができているということです。

お年寄りの思わぬ行動に出合ってまず、私たちが配慮しなければならないのは、清潔と安全です。はだしで歩き回るのが大好きなその人に対して、「歩くのが好きなおばあちゃんだもんな〜」とあなたが心から思えるのだったら、廊下をきれいに掃除する。危ない物を置かないようにして、好きなだけ歩けるようにする、それが介護者の役割です。

認知症のある人の体調不良を常に疑う
――いつもと違うと思ったら観察する

私たちが認知症のある人の思わぬ行動に出合い、いつもと違うなと思ったら、体調不良の観察を行いましょう。「あれ……!?　はとぽっぽって情けない声で歌っている」とか「いつもよりつらそうに、魚はいらんかねって言ってる」など、いつもと違う、おかしいなとあなたが感じるときはまず体調不良を疑い、次のことを観察します。

●便秘

最初に観察することは「便秘」です。私たちは、自分が何かイライラして調子が悪いなと思ったとき、「ああそうか、便が出てない。もう３日目だ。ちょっと野菜やヨーグルトを多めに食べようかな」という判断や行動ができます。しかし認知症のある人は、便の出ていない日数を数えたり、これは便秘が原因ではないかと見当をつけ、食事を変えたり運動しようといった判断をすることができません。ただなんとなく不快になってイライラする。この感じが便秘から引き起こされていることがわからないままに、不快感だけが続くのです。自分の体調の悪さの原因が何なのかまったくわからないままに日々を過ごすなんて、想像しただけでも嫌ですよね。ここを私たちは観察し、記録に残し、その記録から「便秘じゃないか」と仮説を立てて、どうしようかと話し合い、取り組みを決めて実施します。これが仕事として介護を行う基本的なスタイルです。

このとき、便が出ていないからといって安易に下剤を使ってはいけません。認知症のある人に下剤はむやみに使わないということを覚えておいてください。やたらと下剤を使うと腸のぜん動運動を化学的な物質で不自然に引き出すことになります。私たちは下剤を飲んでいるから腸が動き出していると理解できます。しかし、認知症のある人は何の薬かもわからず飲まされて、どうしてお腹がグルグルしているのか理解できません。混乱すると思いませんか。

ですから、むやみに下剤を使う前に、水分、食べ物、運動の見直しをしましょう。そして、腸の総ぜん動が起こる朝食後のトイレ誘導を行います。ここに自然排便があり、人の生理を尊重した生活があります。これがその人の生活リズムを大切にした介護です。

●脱水

次に考えるのが「脱水」です。便秘は私たちも体験するので、認知症のある人が落ち着かなくなることを想像しやすいのですが、脱水はなかなか経験しないのでわかりにくいでしょう。

まず、赤ちゃんとお年寄りは、脱水になりやすいと覚えておいてください。赤ちゃんは身体が小さくても大人と同じだけの毛穴があるので、水分を失いやすく、お年寄りは身体の中にためられる水分量が少ないことが、脱水になりやすい理由です。そして、赤ちゃんとお年寄りに共通していることは、のどが渇いたことに自分で気づきにくいということです。仮に、のどが渇いたなと思っても、コップを準備して水道のコックをひねって水をためて飲む、という一連の動作を一人で行うことが難しいから、脱水になってしまうのです。

脱水になるとどうなるのでしょうか。人間の身体の半分以上は水分でできています。その多くが血液です。血液は血液成分（赤血球と白血球と血小板）、血漿（けっしょう）成分で構成されています。血液成分のうち約99%が赤血球です。赤血球には酸素を運ぶという働きがあります。ですから、水分が足りなくなると赤血球、つまり酸素の流れが悪くなります。脳の血管は髪の毛より細いので、水分が不足して血流が悪くなり酸素が足りなくなるとすぐに影響が出ます。頭がボーッとする、身体が傾きやすくなる、支離滅裂なことを言い出す、ろれつが回らない、機嫌が悪いといった症状が出ます。ですから、普段はおだやかなおばあさんがイライラしているとか、いつもは真っすぐ歩いている人が傾いて歩いているという状態に気づいた

ら、脱水を疑ってください。

さらに深刻な脱水になるとだんだんと意識が遠くなって、よだれが出てきたり、目つきが変になるとか、発語がなくなるといった症状が出てきたりします。そして、発熱や尿が出ないという症状も出てきて、最悪の場合には命にかかわることもあります。尿が出なくなったり、熱が出るまでお年寄りをほったらかしておいたとしたら、あなたは介護者として失格です。

簡単に脱水を見つける方法は、お年寄りの脇に手を入れてみることです。湿っていなければ脱水を疑ってください。人の脇の下はだいたい湿っています。それがぱさぱさして乾いているときは、脱水かもしれません。

お年寄りの様子が何だか変だなと思ったら、まず、便秘・脱水を疑いましょう。

●病気やケガにも細心の注意を

認知症のある人は自分から転んだことを言えなかったり、忘れてしまったりします。ですから、腕に打撲の痕があっても、骨が折れて腫れがひどくても、自分から説明したり、伝えることができません。

認知症のある人は、耳の中とか口の中をなかなか見せてくれないことも多いので、職員や家族が気づいたときには外耳炎が悪化していたり、口の中がひどい歯肉炎になっていたりすることがあります。様子がおかしかった原因はこれだったのかと後から気づくこともあります。同様に、もともとの病気が進行していることに気づくのが遅れることもあります。

私自身がとても反省した出来事があります。いつもニコニコしている認知症のおばあさんがいました。その人が、いろいろな物を投げて、「痛いよ、痛いよ」と怒っていました。「おばあちゃん、どこが痛いの？　頭？」と聞いたら「頭」、「肩？」と聞いたら「肩」、

「口？」と聞いたら「口」と言うので、「本当に痛いのかなあ。ただ気分で言ってるだけじゃないの」と聞き流してしまいました。

ところが、後でわかったのですが、この方は緑内障で眼圧が上がっていたのです。つらかったと思います。どうしてもっと早く気づいてあげられなかったかと、反省しました。

プロの介護と家族の介護の違い

●プロの介護とは

次に、プロの介護と家族の介護の違いについて触れておきます。

思わぬ行動に出くわしたとき、原因が体調不良か否かをとらえるところまでは、家族や一般の人でも気づくかもしれません。しかし、自分の母親がウンコを食べているとき、自分の父親が「はとぽっぽ」を歌っているとき、家族がそれをとらえて、観察して、どう対応したらいいかなどと考えられるはずがありません。身内が家族の行動を対象化して観察するのは、とても難しいのです。親子として時間をかけて積み上げた深い人間関係があるので、今いるお母さん（お父さん）の姿をそのままで受け止められないのです。「あんなにきれい好きだったお母さんが、ウンコを触るなんて！」「あんなに厳しくしっかりしたお父さんが、はとぽっぽを歌うなんて！」「これは本当のお母さん（お父さん）じゃない。病気だ。病気がこんなにさせているんだ。病気を治せばいいんだ」と葛藤し、あるがままの今のお母さん（お父さん）を、受け容れることができません。

一方、プロの介護は、認知症のある人の思わぬ行動に出合い、体調不良ではないことを確認したら、次に中核症状に何か環境因子（物・人・関係）が加わり、それが心を動かし、動機となって、この思わぬ行動（周辺症状）になっているんだなということを推測します。そして考えて話し合い、具体的に対応します。

それができるのは、介護職にとってその人は、出会ったときからその年齢、その病気、その障害がある状態なので、出会ったときのその人を、あるがままに受け容れられるのです。

認知症を病気としてだけとらえ、治る・治らないばかりに固執していると混乱が続きます。医療や多くの家族の視点からみれば、認知症は病気の症状かもしれませんが、介護の視点からは、今あるがままのその人をそのまま受け容れます。そして、あるがままのその人がつらいとか生きにくいと感じることを解消するために、介護職は具体的に考えながらかかわっていきます。

●プロの介護はチームで行う

認知症のある人の中核症状に環境因子が加わり、精神活動が高ぶることで思わぬ行動（周辺症状）が出る。その行為や気持ちを慮り、気づき、心配して、考えて、ケアを提供する。気づくとは自分の心が動くことですが、その心の動きが認知症のある人をどうにかしようと操作することではなく、介護をする私たちがまずは受け容れようと心の動きが整っていれば、認知症のある人は暮らしやすくなります。

気づく、心を痛める、考えるというのは、介護をする人の内的世界で起きることです。その人の心の内側、頭の中の世界です。仮にさまざまな理由で介護者が思ってはいるけれども言えない、考えてはいるけれども動けないという状況があったとします。ここを解放して気持ちを整えないと、次の行動＝介護にはなりません。

認知症のある人の思わぬ行動に遭遇し、その人に合った介護をするためには、まず私たちは自分の心を整える必要があります。瞬間的に驚いて、気持ちがドキドキして、嫌だなと思うこともあるでしょう。このマイナスの気持ちをもつことを否定しないでください。そこから、私たちは認知症ケアを行っていきます。しかし、このマイナスの感情をそのままお年寄りにぶつけては、介護はできません。一人でその感情を受け止めきれない場合は、仲間に伝えます。仲間とは職場の同僚や先輩です。あなたは感情を受け止めてもらったからこそ、仲間と一緒に介護を考えられるようになります。これが心を整えるという行為です。

私たちはこのようにして一人ではやり遂げられない認知症のある人の介護を、チームでやり遂げていきます。「私は○○さんのこんな行動に気づいて、心配して、このように思い、考えている。だからこういうケアを展開したいけれども、みんなどう思う？」「このじいちゃんが自分の父親だったら、私も娘さんと同じようにカッとするかもしれない。だけど、出会ったときからこのじいちゃんはこうやってずっと歩いている。私もそれがじいちゃんだと思うから、歩くじいちゃんを最期まで支えたい」ということを、言葉に出して周りに伝えてみてください。このように自分の思いを伝え、互いに考える場所をもつことが、チームで行うケアです。

●家族が介護する意味とは

一方、家族の介護＝無料の介護は、対価を求めない「無償の愛」に基づく、人として高い精神性のなかで行われていくものです。

家族の中には、実の親・義理の親にかかわらず「本当にじいちゃん（ばあちゃん）には大事にしてもらった。だから、今度は私が、じいちゃん（ばあちゃん）を大切にする。最後の一人になっても頑張る！」と心から思っている方もいます。その気持ちに決して嘘はないと思いますが、思いだけで介護をやり遂げることは現実にはあり得ません。そうですよね、一人で支えるということは、自分の生活や人生の全部をその人のために使うということで、そんな人生や生活はあり得ません。あり得ないことを目標にこだわり、理想にすると、支える人・支えられる人の双方がつぶれてしまいます。

「この人（父・母など）を私が支えなくて誰が支える」という、対価を求めない家族の思いは、プロの介護との組み合わせによって実現します。無料の介護（家族）と有料の介護（介護職）は、どちらかを選ぶというものではなく、互いを補完し合っているのです。

介護のプロである介護職も、失敗を繰り返しながら成長していきます。その成長の支えの一つが、家族からの信頼です。疑われながら介護はできません。目の前のお年寄りの向こうにいる家族・社会からの信頼に応えることは、介護職の自信と誇りにつながります。

家族と介護職他、かかわるチームが補完し合うことで、その認知症のある人の介護をやり遂げることができた人たちが、「あなたの介護ができてよかった。これで、私は歳をとることも、認知症になることも怖くない、これからは、やり遂げた介護の日々を胸にもって、私の老いを落ち着いて生きていきます」と、高齢社会を自分らしく生きていくことができる人になっていきます。高齢社会の先輩であるお年寄りの深い願いはここにあると私は思っています。

認知症ケアは自分自身を見つめ直す行為

認知症のある人と出会うと、心が整うどころか掻きむしられることが多々あります。それは、認知症のある人は、介護する私とはどういう人間なのかを突きつけてくるからです。「お前はやさしくないな」「あなたは嘘つきね」「自分は弱虫だね」と、本当の私（介護者）をこれでもかと、あからさまに突きつけてきます。

そうですよね。認知症のある人が数回同じことを言っただけで、私はイライラして「もう何度も聞いた！」と言って、やさしくできません。やさしくない、嫌な自分を突きつけられると、私たちはまず感情的になります。ここまでカッカする、イライラするということは、認知症の人とかかわって突きつけられた自分が本当の自分だからです。認知症のある人をとやかく言う前に、このやさしくない、嘘つき、弱虫の本当の自分を突きつけられた、自分を考えてみてください。認知症のある人から引き出された自分の思いや考えを、私はどうしたいのかという自分の意思を確認しましょう。

私はやさしくないから、やさしくなりたい。私は簡単に嘘をつくから、本当のことを言えるようになりたい。私はあまりに力がないから、力をつけたい。これが私の意思をもった、私のやりたい介護です。「何のために、誰のための介護をしているの？」と、自らを問う。自分の意思をもった介護を認知症のある人は求め、引き出してくれます。

認知症のある人にかかわってみてください。そして、突きつけられた自分自身を見つめてみてください。そして、あなたがどういう介護がしたいのかに思いをはせ、一歩を踏み出してみてください。

次の章では、あなたが行動へと移せるようになるにはどうしたらよいのかをお伝えします。

知識編

第2章
声のかけ方・接し方 髙口流 5ステップ

高口流5ステップを始める前に

介護を始めたばかりの頃は、認知症のある人にどのようにかかわればよいのだろうかと戸惑います。何かしなければと焦り、結局何もできなかったということが続くと、認知症のある人への苦手意識だけが残り、「もう認知症のある人の介護なんて無理」と思ってしまいます。そうならないために、これから紹介する5ステップを念頭におき、形からでいいので順番を意識して、かかわってみましょう。

形から入るなんて介護として大丈夫かなと思われるかもしれませんが、まずは基本姿勢を身につけることが大切です。そのうち、言葉や態度に身振り手振りをつけたり、声の大きさなどを意識して自分らしく接することができるようになるでしょう。

近づいてきたあなたからの言葉かけで、認知症のある人は笑ってくれたり、怒ったり、プイとしたり、いろいろな反応を示してくれます。あなたは、嬉しくなったり、悲しくなったり、イライラしたりといった気持ちが湧いてきて、今度はどうしよう、次はこうしようと、その人のことを一生懸命に思うようになると、仲間にグチったり、相談したり、次の手立てを考えるようになるでしょう。こうやって、その認知症のある人のケアチームがあなたからできていきます。それがあなたのケアの自信につながっていきます。

高口流5ステップで人間関係をつくる

認知症のある人とコミュニケーションをとるときには、まず、あいさつをして、その人の世界に入る合図を伝えます。「○○さん、こんにちは」「お部屋に入ってもいいですか？」「ご一緒させていただいてよろしいですか？」と、これからあなたに近づきますということを言葉や態度でしっかり伝えます。認知症のある人が機嫌よく応じてくれたら、そのまま会話を続けましょう。

しかし、怒り出したり、あなたが今まで見たこともないような行為をその人がしていたら、あなたはビックリして、どうしてよいかわからなくなってしまうでしょう。このとき、不適切な対応をとるのではなく、これからお伝えする基本の5ステップに沿って、形（＝言葉・態度）を決めて、認知症のある人にかかわってみましょう。かかわるということは、声をかけ、接し、人間関係をつくるということです。

声のかけ方・接し方は、以下の5ステップです。

① 傾聴（まずは認知症のある人の話を聞く）
② 受容（見たままを言う）と共感（プラスのことを言う）
③ 繰り返す・ほめる（わかりやすく言う）
④ 質問（マイナスの言葉で心配を伝える）
⑤ ケアへの声かけ（お願いをする）

この順番が大切になります。意識してかかわっていると、あなたらしいかかわり方ができるようになります。ぜひやってみましょう。

髙口流5ステップのポイント

次に、①～⑤のステップについて解説します。

●ステップ1　傾聴

傾聴とは、心を傾けてその人の話を聞くということです。しかし、心はそう簡単に傾けられるものではありません。まずは身体の向きを変えて、その人の目を見て、聞いてみましょう。その人の目を見ないでそっぽを向いているとか、身体の向きを変えないで人の話を聞くのは、傾聴とはいえません。まずは姿勢と視線を整えます。この人の話を聞こう！　という気持ちになるために、自分で自分の身体の向きを変えていきます。

具体的には、今やっている作業をやめて、身体の向きを変え、視線を合わせて、その人の話に耳を傾ける。つまり、パソコンを打ちながら人の話を聞かない、他のことに気をとられながら話を聞かない、他の用事をしている手をとめて、本人と視線を合わせて話を聞きます。こうすると、自分の心がだんだん相手に傾いてきます。この姿勢が傾聴です。

介護者が傾聴の姿勢をとるための便利な言葉があります。それは、「どうされましたか？」と聞くことです。ビックリするような場面に遭遇し、とっさに言葉が出てこないことがあります。言葉を選ぶ余裕がない状態にあっても言葉かけが必要な場面に出くわしたとき、この言葉を使ってみてください。思わぬ行動をしているお年寄りに、「どうされましたか？」と言って、驚いている自分に一呼吸おいて、傾聴する態勢をとるのです。

●ステップ2　受容、共感

受容とは、相手がどんな状況であってもまずは受け容れることですが、そうは言ってもウンコを食べているおじいさんや便器で顔を洗っているおばあさんを受け容れることはなかなかできません。ベテランの介護職になってくると、認知症のある人が何をしていても、「今度はそうきましたか」とまずは受け容れる貫禄がつきますが、新人介護職にはなかなか難しいことでしょう。まして、家族ならばもっと困難だと思います。

ですから私は、「受容は言葉から入りましょう」と言っています。「そうだね。ばあちゃんは今、顔を洗っているんだね」と、今その人がしている行為をそのまま言葉に出して相手に返すのです。

「共感」を示すとは、その人の行為に対して、その場にいる人にしかわかり得ないであろうことを伝えることです。例えば、「スッキリするね」「きれいになるね」「明るいね」などと、その行為をプラスの言葉で置き換えます。

受容と共感で大切なことは、とにかく否定から入らないということです。介護の現場では、腹の立つことがあるかもしれません。すべてを受容し、その人に共感するのは神様じゃないとできません。ただ、あなたにとって嫌な状況だったとしても、その人を受け容れて、否定しないことです。そうしないと相手との関係が悪化して、今までのかかわりが台なしになって、これからの介護が大変になってしまいます。そうならないための介護技術です。感情だけで相手を傷つけそうになっている自分に「このまま感情をぶつけたら、介護している自分がもっとつらくなるよ」と、自分で自分に声をかけ、心を整えてください。

●ステップ3　繰り返す・ほめる

傾聴、受容、共感でお年寄りと交わした言葉を、相手に伝わるわかりやすい言葉で身振り手振りを使って繰り返します。そして介護者である自分をお年寄りから受け容れてもらうために、ほめることもやってみましょう。「おばあちゃんはきれい好きだから、お顔をしっかり洗われているんですね。すごいですね」などと、やや大げさにほめることで、認知症のある人から「よくわからないけど、どうもこの人は私の敵ではないな」と、思ってもらうためです。

●ステップ4　質問

質問するときは、私（＝介護者）はあなたのことを心配していますよ、ということをもう一歩踏み込んで強調します。前向きに共感し、安心してもらうためにステップ３でほめてから、「ここは暗くないですか？　冷たくないですか？」と、困ったことやよくないことを例にだして、マイナスの言葉で質問することで「私は、あなたのことを心配していますよ」というメッセージを伝えます。

●ステップ５　ケアへの声かけ

最後にケアへの声かけをお願いの形で伝えます。例えば、「あちらの暖かい場所に行って、お茶でも飲みたいですね。私一人じゃつまらないから、一緒に来てくれませんか？」などと誘ってみましょう。あなたにとって、もっとよいことがありますよ、ということをわかりやすく提案して、私もそうしたいので、それを一緒にやってもらえませんか、とお願いする声かけをします。

あなたが、認知症のある人の思わぬ行動に、気づいて、心配して、考えるところまで進んでいるのに、行動する段階で身動きがとれなくなってしまう場合には、この５ステップ（①傾聴、②受容・共感、③繰り返す・ほめる、④質問、⑤ケアへの声かけ）を、一緒に働く先輩と練習してみましょう。認知症のある人と出会ってその行動に驚くだけで嫌悪感が先走り、身がすくんでどうかかわっていいのかわからなくなってしまうような場合に、5ステップ通りにやってみることはとても重要です。

接し方の5step

step 1

傾聴 「どうされましたか？」と聞く姿勢をつくる

まずは話を聞く

step 2

受容 今していることをそのまま言う

＝

共感 今ここで感じていることをプラスの言葉で伝える

私の心を整える

step 3

繰り返す ほめる
お年寄りから、私を受け容れてもらう
わかりやすい言葉で、身振り手振りを加えて
今・ここでのできごとを繰り返す

私を受け容れてもらう

step 4

質問
私が心配していることをお年寄りに
マイナスの言葉を使って伝える

心配を伝える

step 5

ケアへの声かけ
私からお年寄りにお願いする
「一緒に〇〇しませんか？」とお願いする

お願いをする

高口流5ステップ表について

前頁に、5ステップの表の見本を載せました。この表は介護施設や家庭で、認知症のあるお年寄りへの声かけ・接し方を考え、整理するためにつくりました。見本を参考にしながら場面を想定して、5ステップに落とし込んでいきましょう。この5ステップ表は場面によっては、自分自身の心を整えたり、認知症ではない人に対しても有効です。

それぞれの枠に具体的な内容を言葉にして記入します。行動などについて注意がある場合は、わかりやすいように【　】で囲むなどするといいでしょう。研修などでみんなと一緒に事例を出して話し合い、書き込んだ後は、実際に声に出してやりとりしてみましょう。

高口流5ステップをやってみよう

次に、事例をもとに、5ステップを説明します。

●事例A　便器で顔を洗っていたミツさんと中堅職員

認知症のある人が、洗面所ではなくトイレで便器の中に手を突っ込んで顔を洗っていました。こんな場面に遭遇したら驚くのは当然です。驚いているからこそ、初めに「どうされましたか？」と声をかけ、自分の傾聴の姿勢をつくります。さあ、ここから始めましょう。

「どうされましたか？」〈**①傾聴の姿勢をつくる**〉

「見りゃわかろうが」

「ミツさん、顔を洗っているんですね」〈**②受容を態度にする**〉

➡その人が今していることをそのまま言う。

「そうじゃが」

for 接し方の5step

事例A　便器で顔を洗っていたミツさんと介護職員

step 1

傾聴

ミツさん、どうされましたか？
【驚きに気づかれないよう、明るい声で】

まずは話を聞く

step 2

受容

ミツさん、顔を洗っているんですね。

共感

スッキリしますね。サッパリしますね。

私の心を整える

step 3

繰り返す ほめる

ミツさんはきれい好きだから、お顔を洗っているんですよね。本当にきれい好きですね。

私を受け容れてもらう

step 4

質問

だけど、ここのお水は冷たくないですか？
こんなに腰を曲げて、腰が痛くないですか？

心配を伝える

step 5

ケアへの声かけ

向こうに温かい水が出るところがあるんですよ。ミツさんみたいに顔を洗いたいけど、一人じゃ怖くて……。一緒に付いてきてくれませんか？

お願いをする

「スッキリしますね。サッパリしますね」〈②**共感を強調する**〉

➡自分の心を整える時間をつくる。

「まあな」

「ミツさんはきれい好きだからお顔を洗っているんですよね。本当にきれい好きですね」〈③**ここまでを繰り返してから・ほめる**〉

➡多少大げさでも、その行為を言葉でわかりやすく、身振り手振りを加えて繰り返すことで、私を受け容れてもらう。

「そうかー（表情がゆるむ）」

「だけど、ここのお水は冷たくないですか？　こんなに腰を曲げて、腰が痛くないですか？」〈④**質問する**〉

➡私の心配を伝える。

「まあなぁ」

「向こうに温かいお水が出るところがあるんですよ。だからそっちに行きましょう」〈⑤**ケアへの声かけ**〉

「嫌じゃ」

「（えー、どうしよう）私もミツさんと同じように顔を洗いたいけど、一人じゃ怖いんです。だから付いて来てくれないかなあ。お願いします」と頭を下げる。〈⑤**ケアへの声かけ**〉

「仕方ないのぉ。一緒に行ってやるか」

「ありがとうございます！　私、ミツさんがいて助かりました」

これが一連のパターンですが、こうすればすべてうまくいくということではありません。うまくいくというのは、自分の思い通りにお年寄りを動かしたり、おとなしくさせたりすることではありません。自分の思い通りにしたい、相手に言うことをきかせたいなどと思ったとき、それは介護ではなく支配になるので気をつけてください。介護がうまくいくというのは、相手との関係が途切れなかった、少なくとも相手には敵と思われなかったということです。

お願いしてみても、「だったら勝手に行けばいいじゃないか。私はここで顔を洗うよ」と言われる可能性もあります。しかし、思わぬ行動に出くわした緊張とその行為への嫌悪のなかで、身がすくんで動けなくなるよりは、お年寄りとかかわりがもてたことのほうがずっといいということを覚えておいてください。

●事例B-①　家に帰ろうとするミツさんと新人職員

夕方になると家に帰りたいと繰り返すお年寄りがいます。子どもがいるので、ご飯の支度をしなくちゃと思って、帰りたいと繰り返します。職員はいろいろ声をかけますが、なかなか聞き入れてもらえません。ここでは、新人職員と先輩の中堅職員がミツさんに対応する場面を再現してみます。

「帰るよ、私は。帰ります。子どもが泣くからね」

「ミツさん、どうされましたか？」〈**①傾聴の姿勢をつくる**〉

「どうもこうもあんた、子どもが泣いちょるじゃけん、私は帰らないかんけ。あんたが何ちゅうたって、あたしゃ帰るよ」

「ああ、そうなんですね。帰りたいんですね。〈**②受容を態度**

for

接し方の5step

事例B　家に帰ろうとするミツさんと介護職員

step 1

傾聴

あら、急いでいますね、ミツさん。どうされましたか？

まずは話を聞く

step 2

受容

ああ、そうなんですね。お子さんがお腹が空いたと言って泣いているから、帰るところだったんですね。

||

共感

お子さんが泣いていたら、心配で心配でたまらないですよね。

私の心を整える

step 3

繰り返す ほめる

お子さんの泣き声に気がついて、心配して、すぐ帰ってあげようって頑張ってるミツさんはやさしいお母さんですね。やっぱりお母さんってすごい。

私を受け容れてもらう

step 4

質問

ミツさんはお腹空いていませんか？
実はここにもお腹を空かした子がいるんですよ。
今から、ご飯をつくるんですけど、ミツさんも一緒につくりませんか？

心配を伝える

step 5

ケアへの声かけ

ミツさんと一緒にご飯つくって、みんなで食べて、お腹いっぱいになって、お土産持って帰りましょう。お子さんの好きな料理を教えてください。お願いします。

お願いをする

にする〉お子さんが泣いていたら、心配で心配でたまらないですよね」〈②**共感を強調する**〉

「そうじゃ。子どもがひもじいって泣いちょりますけんね」

「お子さんの心配をされて、ミツさんはやさしいお母さんですね」〈③**繰り返す・ほめる**〉

「そうでもないけどね。あたしゃ働いてばっかりおって、子どもには何もしてやれんかったけんね」

「子どもには何もしてあげられなかったなあって、ミツさんはそう思っているんですね」〈③**繰り返す**〉

「仕事してばっかりしておってね、子どものことは何にも面倒見てやれんだったけんね、お腹だけは空かさんようにしてやりたいと思ってね」

「ミツさんは、やっぱりやさしいお母さんですよ」〈③**ほめる**〉

「そんなら、あんた、私、帰らしてちょうだいよ。帰る」

「ミツさん、仕事ばっかりされて、すごくお忙しかったんですね。お子さんのことを気にしながら、いつもお仕事してたんですね」〈③**繰り返す**〉

「そうやね。あんたようわかっとるじゃん。あたしゃもう帰りますよ。帰らしてよ」

「ミツさんはお腹空いていませんか？　実はここにもお腹を空かした子がいるんですよ。今からご飯をつくりたいので、ミツさんの得意料理を一緒にここでつくってもらえませんか？私、料理が下手なんですよ」〈④**質問する**〉

「え？　ほんじゃ、それ、つくったのは家に持って帰ってもええかね？」

「いいですよ。ご飯をつくってみんなで食べたら、一緒に家に帰りましょう」〈⑤**ケアへの声かけ**〉

「なら仕方ないね。じゃ、つくってやろうかね」

「ありがとうございます。助かります！」

●事例B-②　家に帰ろうとするミツさんと中堅職員

次に、同じ場面に出合った中堅職員の対応を見てみましょう。5ステップの基本は押さえながらも、お年寄りと会話を楽しんでいる様子がうかがえます。新人と先輩ではどんなふうに対応が違ってくるのかを知ることも勉強になります。

「私はもう帰りますから」

「あら、ミツさん、お帰りになるんですか？」〈**①傾聴の姿勢をつくる**〉

「なあに、そんな、ボーッとした顔して。あたしゃ帰ります」

「一体どうされたんですか？」〈**①傾聴の姿勢をつくる**〉

「子どもが泣いちょるけんね、私が帰らんと困るったい」

「ああ、お子さんが泣いてるんですね。確かに泣いていますね」〈**②受容を態度にする**〉

「どうもお世話になりました」

「子どもの泣き声は、最初は元気がいいんだけれど、だんだん切なくなりますねえ」〈**②共感を強調する**〉

「そうだよ」

「子どもが泣いてるととても心配ですもんね。ミツさんのお子さんはとってもかわいいですからね。あの子が家に一人でいるのは、とても心配ですよね」〈**③繰り返す・ほめる**〉

「あんた、見たことあんの？　うちの子」

「はい、何回かここへ寄られて、お母さんを頼みますって、ごあいさつされていましたよ。お母さん思いのしっかりした息子さんですね」〈**③ほめる**〉

「そんなこと、うちの子が言うてくれたの？」

「そうですよ。お母さんのことばかり心配されていましたよ。ミツさんが一人でお帰りになったりすると、今は真っ暗で危ないし、それで転んだりしたら、息子さんが本当に悲しい思いをしますよ。私もつらいです。もしよかったら私が車を出しますので、私と一緒に行きませんか？」〈**④質問する**〉

「そうかい。あんた一緒に行ってくれる？」

「私もこの仕事が終わったら車で帰るので、一緒におうちまで行きましょう」〈**⑤ケアへの声かけ**〉

「そうかい。じゃあ、あんたと行くかね」

「じゃあ、向こうでお茶でも飲んで息子さんのお話を聞かせてください。よろしくお願いします」

このように、具体的な場面を想定して、5ステップを実際にやってみましょう。

人とのかかわりはマニュアルで教えてもらうものではありませんが、苦手意識が前面に出てしまって、お年寄りもあなたもマイナスな感情にとらわれてしまうようでは本末転倒です。そうならないために5ステップを身につけて、よい関係を築いていきましょう。

失敗を恐れないでやってみる

事例で示したようなやりとりを、認知症のある人役と職員役に分かれて、職場でロールプレイングしてみましょう。5ステップ（①傾聴、②受容・共感、③繰り返す・ほめる、④質問、⑤ケアへの声かけ）という、認知症のある人と接するために最低限必要な基本をまず身につけられるようになってください。

何度練習しても、実際にはうまくいかなかったり、かえって怒らせてしまったりすることもあるでしょう。でも実は、その失敗が大事です。職場で特定の利用者を想定して、繰り返し練習をしたにもかかわらず、実際の介護場面で思わぬ状況に出合って、5ステップをやってみたけどうまくいかなかった……。そうしたときは、そのときのあなたの気持ちを先輩職員に伝えてみてください。仮に失敗しても、先輩はあなたがその人の介護にチャレンジしたことをきっと認めてくれるでしょうし、自分にも同じ経験があることを教えてくれるでしょう。

あなたが報告を受ける側の先輩だったら、「お年寄りが怒ろうが、殴りかかってこようが、あなたがその人のことを思い、意識してかかわったことがすばらしいことなんだよ」と言ってあげてください。驚いたり、戸惑ったり、腹が立ったり、さまざまな気持ちのなかでお年寄りとのかかわりをもとうとしたあなた。嬉しいことばかりではなかったけれど、かかわり続けて本当によかったと思っている先輩。認知症のある人を中心にして、自分の気持ちを語り合うことで介護する仲間がつながっていき、それがお年寄りの生活を広げていくのです。

次の実践編では、さまざまな場面の事例をあげています。あなたが出合ったことのある場面もあると思います。いろいろな場面で5ステップを使えるようになると、認知症のある人と仲良くなれて介護がきっと楽しくなるでしょう。

実践編

第3章

高口流 5ステップ 47事例

食べ物で遊んでなかなか食べてくれない

アキヨシさんはゆっくりですが、普段は箸を使って自分で食べることができる方です。先日、皿の中にある食べ物を箸でつついたり、並べて指で触るなどして、食べ物で遊んでいました。職員はそれを見て、思わず「食べ物で遊ばないで！　汚いでしょう」と強い口調で注意してしまいました。

ここに気をつけて あなたは遊んでいるときに、「遊んじゃダメ！」と言われたらどんな気持ちになりますか。ムカっとしたり、ダメと言われるともっとやりたくなったりしませんか。アキヨシさんも同じ気持ちです。職員は、遊びをやめさせるのではなく、その遊びの仲間に入れてもらいましょう。

! このようにかかわってみよう

➡楽しそうなら、そのまま見守り。つらそうなら、体調確認

普段のアキヨシさんは、ゆっくりですが一人で食事ができる方です。しかし、なぜかこの日は食べ物で遊んでいました。いつもと違うことをしていたということは、アキヨシさんにいつもと違う何かが起こっているのかもしれません。それは例えば、食欲がない、便秘、他に気になることがある、などが考えられます。食べないことだけにとらわれて強い口調で注意する前に、アキヨシさんの状況を整理する必要があります。

まずは「傾聴」の言葉かけをしてみて、アキヨシさんの反応や表情を注意深く見てみましょう。動作は遊んでいるように見えるのに、表情はイライラしていたりつらそうに見えたら、体調不良や便秘がないかを考える必要があります。この場合、アキヨシさんの状況をより深く知るために、「受容」「共感」の声かけへと進みましょう。

一方で、明るい表情で、楽しそうに遊んでいるなら、何も無理にやめさせる必要はありません。そのままそっと見守りましょう。もしも周りの人が、食べ物で遊ぶアキヨシさんの様子を気にされているようなら、「心配かけてごめんなさい」とあなたから周りの人に声かけをしてください。

具体的な対応方法としては、理由が何であれアキヨシさんは食べたくないのですから、食卓から離れてもらって、アキヨシさんの気持ちを切り替えたほうがいいでしょう。

または、しばらく見守りを続けて、アキヨシさんが遊びあきた頃に、「もう疲れましたね。ここは私が片づけておきますね」と言って片づけます。どちらにしても、食事量・水分摂取量を確認して、次の食事担当者に申し送りましょう。

接し方の5step　食べ物で遊ぶ人への接し方

step 1　傾聴

あらあ、アキヨシさん、遊んでいるの？
何かおもしろそうですね。

まずは話を聞く

step 2　受容＝共感

私も一緒に遊ぼうかなぁ。

アキヨシさん、何だか食べる気がしないんですね。
そんな日もありますよね。

私の心を整える

step 3　繰り返す ほめる

アキヨシさんは食べたくないけど、食べなきゃいけないかなぁ……って気にしていて、それで何となくおかずで遊んでいるんですね。でも、食事に来てくれてありがとうございます。

私を受け容れてもらう

step 4　質問

私、心配事が一つあります。アキヨシさんが食べたくないのは、お腹が痛いからですか？　トイレに行きたくありませんか？

心配を伝える

step 5　ケアへの声かけ

（体調が）何でもないなら、よかったです。
食べたくないときは、無理しないでください。
あっちのソファでゆっくりしましょうか。

お願いをする

口の中にある物をわざとぷーっと吐き出す

タツさんは食事中に、口に含んだ食べ物を、楽しそうにぷーっと吹き出します。周りの人が驚いて「何しているの！　やめて！」などと騒ぐのを見て楽しんでいるように見受けられます。タツさんの周囲がどんどん汚れていって困るので、職員は思わず「みんなの迷惑でしょ！　汚れるでしょう！　やめて！」と言って、食べ物を取り上げました。

ここに気をつけて タツさんが楽しそうだと気がついたのは、すばらしいですね。それでも手や口、衣服も汚れていると、やめさせたくなりますね。しかし、すでに汚れているのですから、いいのです。どうせ洗濯するのですから、楽しんでもらいましょう。

周りの人たちが嫌な表情をしていたら、あなたから「ごめんなさい」と謝ってください。もしも、あなたが重苦しい雰囲気を変えるチャレンジャーならば、「私もぷーっとして、いいでしょうか」と言って、他のお年寄りの表情を笑いに変えてみましょう。

このようにかかわってみよう

➡一緒に遊んで、周りにあいさつ

口の中の食べ物を吐き出されたら、嫌な気持ちになるのは自然なことです。職員のあなたがそうなるということは、タツさんと一緒に食事をしている他の利用者は、もっと嫌な気持ちになっているかもしれません。職員が周囲の人たちとタツさんとの間に入って、タツさんの代わりに謝るなどして関係を取りもちましょう。

そのうえで、タツさんの気持ちを受け止めるかかわりをします。例えば、タツさんが食事中に周囲の反応をおもしろがってぷーっとしているなら、あなたも「すごい！　すごい！」とはしゃいでみましょう。タツさんとあなたの嬉しい楽しい気持ちが十分重なり合ったら、「さあ！　食べようか！　おかわり!!」などと気分と雰囲気を切り替える声をかけてみましょう。

こうした状況では、あなたがお年寄りと心から楽しく遊べる人ならよいのですが、お年寄りをからかって悪ふざけする人であれば失礼になります。あなた自身の心にしっかり聞いてみてください。

また、以下のことは行わないよう、一緒に働く介護職員同士で確認しておきましょう。

①食べ物など、本人の物を一方的に取り上げる。

②本人が楽しんで行っていることを中断させる。

③「手間がかかる」など、職員都合でその行動をやめさせる。

このような対応を身体拘束＝行動制限といいます。さらに、本人がやりたいことを無理やり押し止めることは、不適切ケアになります。その内容がより強く本人に嫌な思いをさせる行為であれば、虐待と判断されることもあります。

以上のことは、介護の現場で働く職員として、知っておきましょう。この知識をもって、タツさんのかかわりを考えてみます。

for

接し方の5step ふざけて食べ物を口から出す人への接し方

step 1

傾聴 あらら！ タツさん楽しそうですね。

まずは話を聞く

step 2

受容 ぷーって、おばあちゃんに向けて飛ばすより、廊下に向けて飛ばしたほうがもっと飛びますよ。

＝

私の心を整える

共感 よく飛びますねえ。食べ物を飛ばすとおもしろいもんね。

step 3

繰り返す ほめる こんな大きいのを飛ばすなんてスゴイですね。入れ歯なのに上手ですね。

私を受け容れてもらう

step 4

質問 ここには人がいるから、やりにくくないですか？ もっと広いところで私に飛ばし方を教えてくれませんか？

心配を伝える

step 5

ケアへの声かけ もっとあっちの広いところで、私も飛ばしますから、見ていてください。
競争しましょう。ぷーっ！

お願いをする

食べ物を口から取り出す

ヘルパーの佐藤さんはヨネさんのお宅にうかがい、食事の準備と見守り支援をしています。ヨネさんは常食（普通食）ですが、食事中に口に含んだ食べ物を出してしまいます。口に手を入れて取り出したり、テーブルの上にペッペと吐き出したりするのです。ある日、佐藤さんが台所を片づけてヨネさんの様子を見に行くと、いつも以上にテーブルが汚れていて、思わず「もう！汚い！　口から出さないで！」と叱ってしまいました。

ここに気をつけて ヨネさんはおいしく食べたいのに、自分の食べるリズムがつかめなくて、どうしても口につめ込みすぎて、吐き出しているのかもしれません。自分の思い通りに食べられない人の気持ちを思い、考えてみましょう。その人の不自由に思いを寄せることなく、あなた自身の感情を整理してとらえようともしないで、その感情を相手にぶつけるのは、人を傷つけるわがままでしかありません。

このようにかかわってみよう

➡食べにくさを確認し、食形態を見直す

ヨネさんのように一人で食べているときに、お年寄りが口に手を入れて食べ物を取り出したり、「ペェッ」という感じで口の中の食べ物を出すのは、多くの場合は、噛めない・飲みこめない、口当たりの悪いときです。まずは献立の内容を見直してください。

その次に、ヨネさんに「あらあら、食べにくいみたいですね」と声をかけ、口に入れた物を出さずにはいられない人の嫌な気持ちを受け止めてください。

ヨネさんのように口から食べ物を出してしまう人は、咀嚼(そしゃく)・嚥下(えんげ)のリズムを確認しながら口に運ぶということができにくくなって、食べ物が飲み込みにくくなっている状態だと考えられます。

私たちは、食べ物を口に運びながら、「今、噛もう」「食べ物を適当な大きさにまとめよう」「噛んだ食べ物をのどの奥に運ぼう」「のどの奥に来たから、ちょっと息を止めよう」「さあ、飲みこもう」などと考えながら、咀嚼・嚥下を行うことはほとんどありません。

それは、目が見えて、手を思い通り動かせて、大きく口が開いて、歯があって、唾液もタップリ出てきて、舌の動きがとてもなめらかで、咀嚼・嚥下のための反射運動がしっかりしているからです。このどれか一つでも調子が悪くなると、そのとたん、咀嚼・嚥下は考えながら、努力して行う必要がある行為になります。

そうです。お年寄りは調整しながら、工夫しながら食事をしている人が多いのです。そこに認知症が加わると、時々、口の中の食べ物をどうしてよいかわからなくなります。このような状態の人を責めたりしたら、さらに緊張したり、焦ったりして、誤飲や誤嚥をしてしまう可能性が高まります。食べている人を怒ったり急かしたりするのは命にかかわることだと理解して、絶対にしてはいけません。

for for

接し方の5step

食べ物を口から出してしまう人への接し方

step 1 傾聴

あらあら、タツさん、食べにくいみたいですね。口に食べ物が残りますか？

まずは話を聞く

step 2 受容 ＝ 共感

口の中に食べ物がたまったら、噛みにくいですよね。

飲み込むのと口に運ぶタイミングって難しいですよね。何だか、出したくなっちゃいますよね。

私の心を整える

step 3 繰り返す ほめる

タツさんは食べにくいのに何とかご自分で食べようとしてくれて、ありがとうございます。

私を受け容れてもらう

step 4 質問

飲み込むタイミングが合わないと、私は、むせたり、つまった感じがして苦しくなります。タツさんはどうですか？

心配を伝える

step 5 ケアへの声かけ

むせたり、つまったりしたら大変だから、ここで少しタツさんの食べるのを見せていただいてよいですか？　少し、お手伝いをさせてもらってもよいですか？

お願いをする

隣の人の食事を食べてしまう

タカさんはデイサービスの利用者です。この日は、その月生まれの利用者の誕生日会が開かれ、誕生日の人には特別メニューでお寿司が出ました。隣の人が誕生日のあいさつをしているときに、タカさんはその人のお膳に手をのばして、お寿司を食べてしまいました。隣の人は「私のお寿司を食べないでよ！」と叫び、「そうよ、タカさん！　勝手に食べてはいけません！」と、職員も同調して声をあげました。

ここに気をつけて　お寿司を食べてしまったタカさんを、食べられた隣の人と一緒になって職員が怒ったら、タカさんの居場所はなくなってしまいます。自分の物と他人の物の区別がつきにくくなったタカさんは、普段からいろいろなところで怒られているのかもしれません。デイサービスでも怒られるようになったら、タカさんはどこへ行けばよいのでしょうか。この介護職は、タカさんの「食べたい」という気持ちに気づけなかったことに加えて、タカさんを叱責することでデイサービス全体を嫌な雰囲気にしてしまいました。二重に悪い対応をしたことになります。

このようにかかわってみよう

➡周囲を気づかい、悪者をつくらない

おいしそうなごちそうを見つけて、食べたくなるのは誰でも同じです。ときには、自分の食事と間違えることもあります。

一方で、悪意のない間違いとはいえ、自分の物を食べられた隣の人が嫌な気持ちになるのは当然です。介護職は「タカさんの食べたい気持ちにいち早く気づけなかったことが申し訳なかった」という思いをもってかかわりましょう。

具体的には、タカさんに対して「受容・共感」の言葉をかけているタイミングで、他の職員にお願いして食べられてしまった隣の人のお誕生日メニューを追加で持ってきてもらいます。そして、隣の人には声を出さずに、出したとしても小さい声で「ごめんなさい」の合図を身振りや目線で示します。追加で持ってきてもらった1品をそっと隣の人に渡しながら「お隣があなたで助かりました。ありがとう」ということを、態度や表情で伝えてください。

ポイントは、あなたが隣の人に謝罪と感謝の態度を示すことです。ただし、大きな声で言うとタカさんにも聞こえるので、伝え方は気をつけます。隣の人に追加の1品を無事に渡せたら、会話を盛り上げて楽しい雰囲気にもっていけば、タカさんが食べたことはみんなが気にならなくなります。

また、今回の事例は、隣の人の怒りを職員が増幅したために、大ごとになってしまいました。こうなると、「寿司の一つぐらい、いいじゃないか。ケチだな」と思う人も出てきて、隣の人まで“悪者”になってしまう可能性があります。

デイサービスは、在宅生活を継続するために、自宅以外の居場所をつくることを大切にしている場です。お年寄りがいるのがつらいデイサービスにはしてはいけません。

for 接し方の5step

他の利用者の食事を食べてしまう人への接し方

step 1

傾聴

あらあら、タカさんおいしそうですね。

まずは話を聞く

step 2

受容

何だか、お腹空きましたねえ。

＝

共感

お寿司はおいしいですもんね。
【同時に、お隣の人に態度で示す】
ごめんなさい、ビックリしたでしょう。タカさん悪気はないから、気づかなかった私たちが悪かったです。
新しいお寿司をすぐにお持ちしますね。

私の心を整える

step 3

繰り返す ほめる

タカさん、よくお寿司に気がつきましたね。
好物のお寿司は、さすが上手に食べられますね。

私を受け容れてもらう

step 4

質問

タカさん、お寿司はそれくらいで足りますか？
もっと持ってきましょうか？

心配を伝える

step 5

ケアへの声かけ

タカさんの誕生日のときは、何が食べたいですか？　今度教えてくださいね。
今から楽しみですね！

お願いをする

介助中「あんたも食べなさい」と言って勧めてくる

ミエさんは自分で食べ物を口へ運ぶことがうまくできないので、食事介助が必要です。ところが、食事介助中に突然口を閉じて「あんたも食べなさい」と言い出します。職員は「私のことはいいから。これはミエさんのなんだから、ミエさんが食べてくれないと困ります」と返答しますが、納得してくれず、食べ終わるまでに時間がかかってしまいます。

ここに気をつけて ミエさんが介護者に食事を勧めてくれることに対して、介護者はミエさんの食事や栄養の摂取量に気をとられて「困ったこと」だと受け取ってしまいました。確かに十分な栄養を摂取していただくことは大切ですが、まず、自分を気づかってくれた感謝を伝えることのほうが大切です。

また、お年寄りは子どもではなく大人なので、されるがままの受け身でいることを不愉快に感じることがあります。その気持ちを無視していませんか。

このようにかかわってみよう

➡気持ちを受け止め、感謝を伝えてもっと仲良しに

介護者に対して認知症のお年寄りが食事を勧める理由を考えてみましょう。例えば、①お腹がいっぱいでもういらないことを遠慮して言えない、②介護者に感謝していて食事をふるまいたいと思っている、③まずいから、それを知ってもらいたいという気持ち、などが考えられます。

①～③のどの理由であっても、職員が「食べない」という対応はあり得ません。しかし、ミエさんの食べかけの食事をいただくのは申し訳ないので、職員も同じ食事を厨房からもらいましょう。同じ食事をもらうのが困難な場合は、自分の弁当や簡単な菓子、ヨーグルトなど、身近にある物をミエさんの目の前で食べて見せましょう。具体的には次のような手順です。

ミエさんに食事を勧められたら、「受容・共感」「繰り返す・ほめる」の声かけをしている間に、自分の食事を準備します。そしてミエさんの前でおいしく食事を食べながら、①「これ、お腹いっぱいになりますね。ミエさんはどうですか？」、②「ミエさんからいただいたからおいしい！　ミエさんも私もしっかり食べて元気になりましょうね」、③「何だか、からい（甘い、しょっぱい）ですね。ミエさんはどうでしたか？」、といった形で、質問の声かけを適宜はさみます。こうしてミエさんと一緒に食べながら、さりげなく本人の反応に合わせて食事を勧め、食事介助につなげましょう。

私たち介護者に求められているのは、単に栄養補給だけを目的とした「食べさせる」食事介助で、お年寄りを「食べさせられる人」にしてしまうことではありません。一緒に食べる「あなたと私」という関係づくりにつながる食事ケアです。「食べられないから食べさせる」ではなく、「あなたと一緒に食べるからおいしい」という介護を目指しましょう。

食事を勧めてくる人への接し方

step 1

傾聴

ミエさん、私のことまでありがとうね。

まずは話を聞く

step 2

受容

自分ばっかり食べてたら、何だか気をつかいますよね。

＝

共感

この人もお腹空いてないかなぁって、心配になりますよね。

私の心を整える

step 3

繰り返す ほめる

ミエさんはいつも私たちのことまで考えてくれて、すごいですね。
ありがとうございます。

私を受け容れてもらう

step 4

質問

【自分の食事を準備して】
じゃあ、お言葉に甘えて、いただいていいですか？
私のはおいしいですが、ミエさんのもおいしいですか？

心配を伝える

step 5

ケアへの声かけ

ミエさんのおかげで私もいただいたから、大満足！　だけどミエさんは食べたくなかったら、無理して食べなくていいですよ。

お願いをする

「食事をしていない」と大声で訴える

ツヨシさんは食事を食べた後によく「まんま食わせろ！　何でワシだけ食わせてくれんのだ！」などと不機嫌そうに騒ぎだします。職員は困って、空の茶碗を見せて「さっき食べましたよ」と伝えたり、空の炊飯器を見せながら「ほら見て！　もう食べたでしょう！」と言って、食べたことを何とか思い出してもらおうとしますが、納得してもらえません。

ここに気をつけて「さっき食べた」というのは、介護職側の見当識です。ツヨシさんの世界では食べたことになっていません。食べていないと思っているツヨシさんに決定的な事実を見せつけて、介護職側の見当識の世界に引き寄せ「私が正しい・あなたが間違い」と認めさせることは、ツヨシさんを屈服させることになります。

この体験はツヨシさんと介護者の関係を悪くするので、やめましょう。ツヨシさんと対立しても何もよいことはなく、関係が悪化すれば修復するのにもっと手間がかかります。

このようにかかわってみよう

➡食べていない気持ちはどこから来るのか想像する

認知症のある人が時間・場所などを間違えることを見当識障害といい、事実を忘れてしまうことを記憶障害といいます（002頁参照）。時間と場所がわからなくなって忘れてしまう人の気持ちは、いつも不安だろうと思います。いつも不安な気持ちでいることに加えて、今回は「食事」という具体的な見当識と記憶があいまいなので「自分だけ食事の準備をしてもらえなかった」と思い込んでしまったのでしょう。

ツヨシさんは「私だけ仲間外れになってしまった」「私だけ損をした」「私だけ取り残されている」「これじゃいけない！」と、不安な気持ちが焦りになって、だんだん怒りに変ってきて、とうとうおさえきれずに大きい声を出してしまいました。

そのツヨシさんに対して、「食べている」という介護職側の見当識に基づく事実を強く突きつけたら、ツヨシさんは恥をかかされたような、自分の主張が認められないような感じがして、余計に腹が立ってくるでしょう。これはお互いが自分の言い分（今回はそれぞれの見当識）を言い張っているただのケンカです。

また、食事というのは、食べ物をお腹に入れればいいということだけではありません。自分のための食事がつくられ、好きな人や安心できる人とおだやかに食べたいように食べることで、初めて「おいしい」と思えるのです。いつ・どこで食事をしたという、記憶や見当識はあいまいでも、「おいしい」という思いが心にあれば、お年寄りは納得できます。「食べた・食べない」という事実でお年寄りと争うのではなく、この人の「おいしい」って何だろうと思い、考えながら接してみましょう。現実には食べているので、たくさんの量は不要ですが、おにぎり１～２個や温かいミルク、やわらかいパンなどを常備しておくと、介護の助けになります。

接し方の5step 「ご飯を食べていない」と言う人への接し方

step 1

傾聴

あら！　ツヨシさん、とっても怒って、どうされましたか？

まずは話を聞く

step 2

受容

ご飯がまだでしたね。気がつかなくてごめんなさい。

＝

共感

ご飯食べないとお腹空きますよね。何で自分だけ食べれないのって思ったら腹が立ちますね。

私の心を整える

step 3

繰り返す ほめる

ツヨシさんはご飯がくるのを待っていてくれたのよね。なのに気がついたら、他の人は食べていて、ビックリしましたね。順番を守って、私たちを待っていてくれて、本当にありがとうございます。

私を受け容れてもらう

step 4

質問

今から温めてもいいですか？　ここで召し上がりますか？　お部屋にお持ちしましょうか？　私も食べていないので一緒に食べてもよいですか？

心配を伝える

step 5

ケアへの声かけ

私も一人でご飯食べてもおいしくないから、ツヨシさんとご一緒できて嬉しいです。今日はよかった。これからも、よろしくお願いします。

お願いをする

自分の好きな物を誰にでも勧める

フクさんはデイサービスの明るく元気な利用者です。フクさんは機嫌がよいと、自宅から持ってきたお菓子を「おいしいよ」と言いながら他の利用者に配っています。ある日、糖尿病の利用者にお饅頭を渡そうとしていたので、「フクさん、その人は糖尿病だから、お菓子を渡さないでください」と注意したところ、雰囲気が気まずくなってしまいました。

ここに気をつけて お年寄りの中には、初めての場所や人が集う場所でみんなと仲良くしたい、仲良くしなければいけないという気持ちの強い人もいます。それは長い人生で身につけた、その人ならではの人間関係のつくり方です。

　フクさんは今までお菓子を配ることで人間関係をつくってきました。これを一方的に制限すると、フクさんの人とのつながりができなくなります。

このようにかかわってみよう

➡その人ならではの関係づくりを大切にする

時間や場所がわからず、人の名前を覚えられない状態で人間関係を保っていくことはとても大変です。

人によっては何にでも「ありがたい、ありがたい」と返事をしたり、「私が手伝います・私がやります」と答えて人とのつながりを保とうとする人もいます。これは、女性に多いようです。実家を出て、他家に嫁いで、知らない土地で知らない人と仲良くするために、長い間に培ったその人の暮らしの知恵とやり方です。認知症になっても、その人の性分として続けられることが多いようです。

認知症のお年寄りの人間関係のつくり方が、職員にとって「困ったやり方」であったとしても、それをやめてくださいというのは、人とのつながりをつくらないでくださいというのと同じことになります。それでは、その人の世界は閉ざされてしまいます。

また、「この人は糖尿病よ！」という言い方は、フクさんだけではなく、言われた本人も嫌な気持ちになるでしょう。糖尿病とみんなの前で言われた人とフクさんの人間関係はとても気まずいものになり、雰囲気の悪いデイサービスになってしまいます。

一方的に「やめさせる」のではなく、「フクさんは、十分人間関係を充実させていますよ」とお伝えしたうえで、「あなたがよいと思ってしていることが、相手には重荷になることもある」ということを、例えばステップ5のような同じ価値の世界（今回はお返しに気をつかう）で有益な情報として伝えてみましょう。

「ああ、それじゃあ悪いねぇ、しばらく、このやり方はやめておくかなぁ」「あなた、よいことを教えてくれたね」という流れをつくっていけるといいですね。

for

接し方の5step

お菓子を配り歩く人への接し方

step 1 **傾聴**

あら！　フクさん、おいしいお菓子をありがとうございます。

まずは話を聞く

step 2 **受容**

フクさんはいつも皆さんを気づかってくれていますね。

||

共感

おいしい物は、勧めたいですよね。
皆さんに食べてもらいたいなって思いますよね。

私の心を整える

step 3 **繰り返す ほめる**

フクさんは、ここにいらっしゃるみんなに声をかけてくれて、本当にありがたいです。フクさんがいるから楽しいって皆さん言っていますよ。

私を受け容れてもらう

step 4 **質問**

・いつもお菓子を持ってこられるのは大変じゃないですか？本当は、うちのデイがお菓子を準備しなきゃいけないのに申し訳ないです。
・フクさんのお菓子を皆さんがあてにしだしたら、フクさんもっと大変になってしまいますね。

心配を伝える

step 5 **ケアへの声かけ**

フクさんのお菓子を皆さん喜んでいますけど、実はお返しのことを心配されてる人もいるんですよ。これ以上はいただいた人も気をつかうので、しばらくお話だけにしておきましょうか。

お願いをする

寝たきりの人の口に食べ物を入れる

このグループホームでは、「みんな一緒に食堂でご飯を食べよう」という取り組みを進めていて、口から食べることが難しいハジメさんは食堂で経管栄養を注入しています。サダコさんは、「私らばかり食べて悪いね。あんたも食べなさい。ほれ、口開けて」と言って、ハジメさんの口に食べ物を入れようとしたので、いつもはおだやかに対応している職員も、思わず「危ない！　余計なことしないで！」と叫んで止めました。

ここに気をつけて　この職員の言動は、重度の利用者ハジメさんの命を守ることが第一優先になるあまり、サダコさんの気持ちを無視しています。認知症のあるサダコさんは、なぜこんなに強く怒られてしまったのか理由が理解できなかったり、理由そのものは忘れてしまうかもしれませんが、職員から叱責されたことでわきあがる嫌な感情は心に残ります。そして、今回のように、気持ちを無視されて一方的に怒られることが続くと、サダコさんは職員やハジメさんに嫌な感情をもって生活するようになるでしょう。

このようにかかわってみよう

➡お年寄りのやさしさに、私ができるやさしさを探す

今回の「口に食べ物を入れたら、窒息（ちっそく）してしまう危険がある人に食べさせる」という予想外の行動に対して、職員は驚きと共に焦りや嫌悪、怒りの感情が出ました。これは当然の反応で、悪いことではありません。しかし、その感情にフタをして出し切らないままでいると、「サダコさんがどうしてこのような行動をとったのかを考える」という次の段階に進むことができません。

職員自身の驚きが小さければ、自分の中だけで解決できることもあります。しかし、驚きが大きければ大きいほど一人でかかえ込んではいけません。その感情を申し送りなどの機会にチーム（先輩職員等）のみんなに対して表現して、受け止めてもらうことが大切です。そうした機会がないとつらくなって、働き続けることが難しくなってしまいます。

また、認知症のお年寄りへの対応にあたり、いつも同じ自分でいられるわけではないことを知ってください。認知症のある人の行動に驚いた後で、「早く気づけなくてごめんなさい」という気持ちになるときもあれば、「なんてことするのよ。本当にやめてほしい」という気持ちになるときもあります。「この前はやさしく対応できたのに、今日はイライラして怒鳴ってしまった」という、自分自身が揺れて変化することを介護者は体験します。そうした揺れを経験しながら、認知症のお年寄りと出会ったことで、変わっていく自分。介護する仲間にその自分を伝える。私自身を整える。この繰り返しを経て、いつか、「私にとって突然で思いもよらない行動に出合っても、正しいかどうかはわからないけれど、少なくとも、その人を傷つけるようなことだけはしない」という態度をとることができるようになるのです。

for

接し方の5step 経管栄養の人に食べ物を食べさせようとする人への接し方

step 1 傾聴

サダコさん！【食べさせているサダコさんの手が思わず止まるくらいの少し大きめの声で。怒り口調ではありません】。
どうされましたか？

まずは話を聞く

step 2 受容＝共感

ああ、ハジメさんに食べてもらおうと思ったんですね。ありがとうございます。

私の心を整える

サダコさんは、いつもよく気がついてすごいですね。自分だけ食べて、他の人が食べていないと、お腹空いてるんじゃないかって気になりますよね。

step 3 繰り返す ほめる

本当にやさしいですね。サダコさんの心づかいを私たちもお手本にさせていただきます。

私を受け容れてもらう

step 4 質問

ハジメさんは口から食べられない人なんです。
サダコさんの食べ物でハジメさんののどがつまったら、サダコさんは悲しくなるでしょう？　私はそれが心配なんです。

心配を伝える

step 5 ケアへの声かけ

ハジメさんは管（クダ）でご飯を食べるくらい、病気の重い人ですけど、サダコさんのやさしい気持ちはちゃんとわかっていますから、これからも見守りをよろしくお願いします。

お願いをする

食べ物でない物を口にする

ヒサシさんが、口をもぐもぐさせていました。職員は気になって、「何か口に入っていますか？」と言って口の中を確認したところ、葉っぱがたくさん入っていました。廊下に置いてあった観葉植物の葉っぱを口に入れてしまっていたのです。職員はビックリして、「これは葉っぱですよ！　食べる物じゃないから早く出して！」と、慌てて口をこじ開けてかき出しました。

ここに気をつけて ヒサシさんの口の中にあるのが、葉っぱだとわかって、職員は驚き慌てました。その気持ちをそのままヒサシさんにぶつけてしまうと、ヒサシさんも驚き慌ててしまいます。そしてそのことが誤飲や、窒息のリスクを高めてしまうかもしれません。介護する側が慌てた状態で行動するのは危険です。

！ このようにかかわってみよう

➡安全を確認し、その人の「食べる」を考える

食べ物ではない物を食べてしまう行為は、「異食」といいます。

お年寄りが異食行為をしたときに最初にとらえなければならないのは、本人の表情です。おだやかな表情でおいしそうに食べていたらまずは大丈夫なので、介護者は慌てる必要はありません。その食べ物に興味をもって、言葉をかけてください。

食べ物でない物はいつまでも口の中に残り、嫌な感じがします。それで、自分から吐き出す人が多いので、観察しながらそれを待つのがポイントです。なかには、吐き出すという行為を忘れている人もいるので、職員が「ペェッ」と声を出して動作をわかりやすく見せてあげてください。

画びょうや漂白剤、毒物など明らかに命にかかわる物であったり、尿取りパッドや義歯などの窒息を引き起こす危険性がある物ならば、本人を過剰に緊張させたり驚かせたりするとさらに危険な状態となるので、内容物を正確に確認して、必要なら救命救急に連絡します。

認知症のお年寄りは、食べ物かどうかわからずに口に運んでしまうことがあるので、命にかかわる危険物は原則、片づけておくことが大切です。ハンドクリーム、紙、生ゴミなど命にかかわらない物は、本人が吐き出すまで安全に配慮しながら様子を見ます。

介護者が考えておきたいのは、食べ物ではない物を口にする人間の行為に対する嫌悪感です。「何を食べるか」ということは「人間らしさ」と直結する行為なのでしょう。介護者が驚きや「危ない！」という感情ではなく、「気持ち悪い」という嫌悪感しかもてない場合は、安全を確認して、他の職員と交代してください。そして、もう一度状況をとらえ直してみてください。その人は「食べ物」を食べているのだ。本人にとっては何の問題もないことなのに、怒りと嫌悪の感情で一方的に否定しているのは私だ。問題は私の中にあるのかもしれない、ということです。なかなか難しいことですね。

食べ物でない物を食べる人への接し方

step 1 傾聴

こんにちはヒサシさん、あら何か食べてますね。何かなあ。
あ、葉っぱですね。おいしいですか？

まずは話を聞く

step 2 受容＝共感

この観葉植物の葉っぱですね。緑がきれいで、おいしそうですね。

お腹空いてるときに、ちょっと食べるとおいしいですよね。

私の心を整える

step 3 繰り返す ほめる

ヒサシさんは、おいしそうな葉っぱを見つけて、ちょいと食べてみたんですね。探求心旺盛ですね、すごい！

私を受け容れてもらう

step 4 質問

それにしても、口の中いっぱいじゃないですか。口当たりが悪くて、嫌な感じがしませんか？

心配を伝える

step 5 ケアへの声かけ

無理に飲み込まなくてもいいですよ。ずっと口の中にあると、疲れますよね。ここにペッて出しても大丈夫ですよ。ペッ！　どんな葉っぱか私に見せてください。お願いします。ペッ！

お願いをする

事例10 薬を飲むことを嫌がる

新しい薬が処方されましたが、イサムさんは薬を飲むことが苦手です。飲みやすいように形を整えたり、ゼリーやお粥に混ぜて一口で飲めるように工夫をしましたが、嫌がって手を振り払い、どうしても飲んでくれません。職員は困り果てて、「これ飲まないと血圧が上がって、また脳卒中になっちゃうんだから！」と言って、イサムさんの口に無理やり入れようとしましたが、やはり振り払われてしまいました。

ここに気をつけて 薬は病気を治したり、症状を軽くするために服用します。どんなに苦い薬でも、本人に治したいという強い意志があるからこそ飲むことができるのです。

認知症のお年寄りは、その薬を何のために服用しなければならないのか、忘れていることがあります。知らない、わからない嫌な薬を無理やり、脅されながら服用させられ屈辱感は、症状を悪化させてしまうかもしれません。無理強いは介護ではありません。

このようにかかわってみよう

➡無理強いしないアプローチ、あとは医師報告

口に入れる物を拒絶する場合は、「人に見られたくない」「ここの場所が嫌だ」「介助者が気に入らない」など、状況が気になっている場合もあります。また、嫌な物を無理やり口に入れても、嘔吐・下痢などでさらに体調を悪くしてしまう場合もあります。だから、介護者は口に入れる物の形状・味・飲み込みやすさを考え、時間・場所・人を入れ替えてみましょう。

これら一連の工夫が服薬介助・食事介助だとわかっていても、より強い行為を私たちがしてしまうのはなぜでしょうか。

最初は本人のためを思って、「薬を飲みましょう」と勧めているはずです。しかし、本人の頑なな態度や拒否する言葉を受けると、「この人はわからないんだから私がちゃんとしなければ」と思ったり、「業務が片づかない」とイライラして、「私の言う通りにしなさい！」という怒りになっていきます。結果、何のための服薬や食事なのかが考えられなくなり、「とにかく飲ませる！」「おとなしく食べればいいんだ！」という状態になってしまいます。お年寄りの嫌がる気持ちをまずは受け容れて、飲まないイサムさんと、飲ませることだけに執着している自分（介護者）との時間と距離を離してみましょう。

薬を飲みやすいようにゼリーと混ぜたり、少量の水でひとまとめにするなど、いろいろな工夫をしても服薬を拒否される場合は、医師・看護師に拒否の強さを知らせます。ここまで嫌がっていても服用したほうがよいか、判断してもらってください。このときの判断のポイントは、日ごろ一緒にいる介護者との関係を悪くしてでも服用して、薬の効果を得なければならないかどうかです。薬の効果よりも、認知症のお年寄りと介護者の関係が悪くなることのほうが重大だと判断されることもあります。

接し方の5step

薬を服用してくれない人への接し方

step 1 **傾聴**

これはイサムさんにとっては、とても大切なお薬です。どうしても今は、飲みたくないですか？

まずは話を聞く

step 2 **受容**

大切なお薬でも、飲みたくないときは飲みたくないですよね。

＝

共感

苦いの嫌ですよね。口の中がザラザラして、変な感じですよね。

私の心を整える

step 3 **繰り返すほめる**

イサムさんはお薬ってわかっているけど、嫌なときは嫌なんですよね。イサムさんは、気持ちがしっかりされていますもんね。

私を受け容れてもらう

step 4 **質問**

イサムさんの気持ちもわかりますけど、これはご家族(名前) やお医者さん(〇〇先生) がイサムさんのことを思って準備してくれたお薬ですよ。本当に飲まなくていいですか？

心配を伝える

step 5 **ケアへの声かけ**

私もイサムさんのこと心配だから、無理はしないけど、今度またお薬飲んでいいよって気持ちになったら、飲んでくださいね。

お願いをする

水分を摂ってくれない

イワオさんは、夏の暑い日でもどうしても水を飲んでくれません。職員は心配で、「1日1500ccは飲まないといけないから、飲んでもらわないと困ります！」「いつまでも片づかないでしょう」「脱水になったらどうするの！　干からびちゃうよ！」など、いろいろな声かけをしますが、飲んでくれません。

ここに気をつけて 職員は、自分の責任感や心配を解消するために水を勧めているのか、1500cc達成のために水分補給してもらっているのか、何のために、誰のために1500ccという量にこだわっているのかわからなくなっていますね。そんな職員の混乱が、お年寄りを脅すような口ぶりになっています。本人の嫌がることを強要するのは、不適切ケアです。認知症のお年寄りが、介護者側の思い通りにならない行動をした際は、その行動の動機を考えることが大切です。

このようにかかわってみよう

➡好物・一口を試みて、何のための水分補給か振り返る

まず、体調の確認を行いましょう。それは、認知症のお年寄りは体調不良のために周辺症状（004頁参照）が引き起こされる場合が多いからです。体調不良の要因で最も多いと考えられるのが、便秘と脱水（013頁～015参照）です。便秘は、イライラする気持ちや、集中できない状況を自分の体験とかさねて理解することができるでしょう。しかし、脱水はなかなか体験することもないので、介護者側も無頓着になりがちです。

「高齢者は脱水になりやすく、さらにそれがきっかけで認知症のお年寄りは調子が悪くなってしまいがちだから、水分を確実にとっていただこう」という介護者の注意を喚起するために、水分摂取量の数値目標をあげて、集中して取り組もうという試みがあります。この取り組み自体はすばらしいことですが、なかには数値目標だけが一人歩きして、1500cc以上飲ませることが「目的」になっている現場もあるようです。目的と目標は違います。ここを整理しておきましょう。

水分を摂取してもらう工夫をすることも大切です。「水」「お茶」で一度にまとめて飲んでもらうだけでなく、例えばアイスクリーム、果物、ゼリー、汁物、好きな飲料などにしてみましょう。また、朝、その方の居室に入ったら、誰でも一口、飲み物やゼリーを勧める「一口あいさつ運動」などでかかわる方法もあります。

その人らしい生活をつくることが目的なのに、1500ccを飲むことを強要して、落ち着いた暮らしを台なしにしたら、本末転倒です。ここを間違えると、1500cc飲ませればいい、数値目標を達成すればいいとなって、本質を見失ってしまい、お年寄りを見ないで水分摂取を無理強いしてしまいます。これは介護ではありません。

for

接し方の5step

水分を摂取してくれない人への接し方

step 1 傾聴

今日は、暑いですね。夏を元気に過ごすために皆さんお水を飲まれていますけど、イワオさんはどうですか？

まずは話を聞く

step 2 受容

そうですよね。人は人、イワオさんはイワオさんですよね。

＝

共感

夏だからって、水ばっかり飲まされたって、しょうがないですよね。

私の心を整える

step 3 繰り返す ほめる

さすがイワオさん、嫌なものは嫌ってはっきり言ってくれるから、私もすがすがしくなってきます。

私を受け容れてもらう

step 4 質問

お腹は空きませんか？　果物かゼリーか、アイスクリームか、かき氷とか持ってきますよ。イワオさんはどれがお好きですか？

心配を伝える

step 5 ケアへの声かけ

私、ゼリー食べたいんですよ。一人で食べたら目立つからイワオさん一口でいいから、私と一緒に食べてください。お願いしますよ。

お願いをする

—事例—
12

部屋の隅のゴミ箱に排尿する

マサヨさんの部屋には壁とベッドの間にゴミ箱が置いてあり、時々マサヨさんはそのゴミ箱にオシッコをしています。ある日、ゴミ箱にオシッコをした際に、お尻がはさまってしまいました。ゴミ箱の上でじたばたしているマサヨさんを見つけた職員は、「こんなところにオシッコして！　はさまって！　何やってんのよ！」とあきれてしまいました。

ここに気をつけて マサヨさんは、ゴミ箱をトイレと思って排泄しました。そのことは何の問題もありません。マサヨさんがその場所で排泄しやすいなら、そこにポータブルトイレを置きましょう。

それよりもマサヨさんは、お尻がはさまって困り、焦っています。そんなときに叱責したら、もっと不安でつらい気持ちになってしまいます。自分は本当にダメだという嫌な気持ちになって、どんどん表情や元気をなくしてしまうでしょう。まず、安全を確認してマサヨさんを助けてあげてください。

このようにかかわってみよう

➡今、困っていることをすぐ助け、一緒に笑い合う

認知症のお年寄りは、「大切なこと」の「こと」は忘れても、「大切」は心に残っています。例えば、息子さんの名前は忘れても、息子さんという愛するわが子へのいとおしさは心に残っています。

また、時間や場所がわかりにくくなるほどに、身体の感覚が鋭敏になることがあります。痛み、かゆみ、しびれ、そして「お腹が空いた」「オシッコがしたい」「ウンコがしたい」という感覚に敏感になる人もいるのです。

その敏感になっている痛みやかゆみの訴えや表情を介護者が叱責したり無視したりすると、なぜ、痛いのか・かゆいのかがわからないので、その痛みやかゆみが強い不快や、ときに恐怖になり、生きづらくなります。その生きづらさに慣れるために、ボーッとするようになります。痛みやかゆみの他にも、空腹感・尿意・便意などを身体で感じても、どうしたらよいのかの見当がつかないので、ソワソワ・イライラします。このときの表情を介護者がとらえることができないと、お年寄りからすれば無視されたことになり、さらに叱責が続くと無気力になってしまいます。

マサヨさんは尿意・便意を感じ、自力で排泄するために身体を動かし、自分で「トイレ」（＝今回はゴミ箱）に排泄することができました。不安ながらも自分で判断し、行動できたのです。ところが排泄後に、お尻がはさまって動けなくなってしまいました。そのときのマサヨさんの気持ちを想像してみてください。

「自分一人でトイレに行こう」と思い実行することは、意思と行動がつながっているすごいことです。それを思わぬ失敗で強く叱責を受けてしまい、嫌な気持ちでその意思と行動のつながりを断念させてしまうことは、その人の笑顔を奪う行為です。トイレに自分で行こうという、お年寄りのファイトを支えるのが介護です。

for

接し方の5step

排尿した際に、ゴミ箱にお尻がはさまってしまった人への接し方

step 1 傾聴

あらら、マサヨさん、大変だ。私が身体を起こしますから、大丈夫ですよ。
どこか痛いところはありませんか？

まずは話を聞く

step 2 受容

お手洗いするのも大変ですね。うまくオシッコできていたのにね、まさか、お尻がはさまるなんて思わないですよね。

＝

共感

ああ、ビックリしましたね。慌てますよね。
ケガがなくてよかった、よかった。

私の心を整える

step 3 繰り返すほめる

マサヨさんは、自分でできることは何でも自分でしようって努力されますもんね。すごいですねえ。

私を受け容れてもらう

step 4 質問

ここでオシッコできないと不便ですよね？
ここにポータブルトイレを置かせてもらってもいいですか？

心配を伝える

step 5 ケアへの声かけ

マサヨさんがこんなに努力されてるのを知らなくて、ごめんなさい。今度からは、ここで安心してしっかりオシッコしてくださいね。

お願いをする

事例
13
認知症の父親を怒鳴ってしまう

デイの利用者の家族から、「私の父は、自宅のトイレの場所がわからなくなってしまい、フラフラ歩き回ることがあります。あまりに毎日繰り返すので、頭にきて『自分が建てた家でしょう!? 何でトイレがわからないのよ！　そんなわけないでしょう！』と思わず怒鳴ってしまいました」という相談を受けました。職員は返答に困ってしまいました。

ここに気をつけて 初めての場所や、しつらえが似ている建物の中で迷ってしまうことは、私たちにもあることです。ところが、慣れた場所でわかりにくくなっている人の不安は、私たちは想像するしかありません。もし自分がそうなったら、身近で信頼できる人に頼るだろうな、ということはわかります。

さらにその不安が強くなれば、「私とあなたの関係は本当に大丈夫ですか」と確かめたくなることでしょう。この「関係の確かめ」をおろそかにすると、不安増大によりもっとつらい状況になってしまいます。

このようにかかわってみよう

➡怒鳴った自分を責めないで。あなたは十分頑張っている

外で迷子になったときの不安な気持ちは想像できても、今回は自宅です。まして、父親です。家族と共に何十年も慣れ親しんだ家の中がわからなくなる本人の不安は、周囲の人には簡単に理解することはできません。物も人も、何も変わっていないのに、自分ばかりがどんどん忘れていく。なじみの感覚はあるものの、どこに何があるのか、誰が何をしているのかわからない。何もかも把握していたはずなのに、わからなくなっていく自分。自分はどうなっていくのだろう。自分がどうなっていっても、物も人も、互いを思う気持ちは変わらずそこにあるのだろうか、不安でたまらない。たまらないので、家族に聞いてしまいます。「トイレはどこにある？」「玄関はこっちだったね？」「ヨシ子さんはどこにいる？」「息子はあんただったね？」と。

こう聞かれて、家族は思わず怒鳴ってしまいました。しかし、私たちは、一緒に暮らしている家族に、「もっとやさしくしましょう」とは言えません。認知症の症状で変わっていく親を見るのは、つらいことです。だから、一緒にいるだけで家族は十分やさしいのです。

私たちは、歳を重ね老いていく人の不安を背負えるほど成熟していません。お年寄りと家族の時間・場所をずらすサービス（デイサービスやショートステイなど）を積極的に利用してもらい、少し距離をとってもらえるようにしましょう。その距離で生まれたほんの少しの余裕で、応えられる不安にはできるだけていねいに向き合ってもらえるよう、家族を支える声かけを心がけましょう。

高齢者の不安をおろそかにすると、家族が後で嫌な気持ち（後悔）を抱くことになってしまいます。「せっかくここまで頑張ってきた家族の介護を、後悔にしてはならない」と思いながら、介護職は在宅介護を応援します。

for

接し方の5step

当たり前のことができなくなった親に怒っている家族への接し方

step 1 傾聴

お父さんの言葉に腹が立ちましたか？

まずは話を聞く

step 2 受容 ＝ 共感

受容：何でこんなこともわからないのよって、思いますよね。

共感：もっとしっかりして、もうこれ以上認知症が進まないでって泣きたくなりますよね。

私の心を整える

step 3 繰り返す ほめる

あなたは、今まで通りのお父さんでいてほしい。それがかなわないなら、もう少しゆっくり進行してって、祈るような気持ちで介護しているんですよね。家族だからですよね。

私を受け容れてもらう

step 4 質問

あなたは十分、介護をしているのに、まだ、自分の介護は足りないって自分を責めていませんか？

心配を伝える

step 5 ケアへの声かけ

親御さんは、自分の介護で子どもたちが苦しむのが一番悲しいと思います。だから、私たち介護職はあなたを支えたい。私たちにできることを教えてください。

お願いをする

汚れた 下着を隠す

同居している義母は、トイレを失敗するたびに、洋服ダンスに汚れた下着をこっそり入れて隠しています。やめてくれと何度もお願いしているのに、また今日もタンスから汚れた下着が出てきたので、頭にきて「タンスに入れちゃうと全部汚れちゃうじゃない！　私が全部洗濯し直すのよ！　これで隠したつもりなの!?」と、思わず詰め寄ってしまいました。

ここに気をつけて 自分で何とかしなければならないことだけど、今はどうしようもないことを、今まであなたはどうしてきましたか。とりあえず隠しておいたりしませんか。せっかくうまく隠した物を見つけられて、引っぱり出して責められたら、嫌な気持ちに加えて恥をかかされた気分になりますね。

本人に恥をかかせてしまうのは悪い対応です。あまり追いつめると、思わぬ行動によって、本人が周囲の人を傷つけるようになることもあります。

！このようにかかわってみよう

➡腹を立てても、恥はかかせない

何とかしたいけれどどうにもできない汚れた下着。どうしようもないので、とりあえずお義母さんは洋服ダンスに入れました。それにあなた（介護者）は気づいたのですから、そのままさりげなく、洗って片づければよいのです。

認知症のある人は、時間・場所がわからない、多くのことを忘れる、身体も動きにくい、そんな自分と付き合いながら、日々を過ごしています。思い通りにならない、不安だらけの毎日の中で、どれだけのストレスにさらされているでしょう。知的活動（004頁参照）が障害されている認知症のある人は、精神活動（感情）で「自分」を保っています。排泄の失敗を指摘されることで精神活動が今以上に混乱し、保っていた「自分」が崩れてしまうと、思わぬ行動をとることがあります。

洋服ダンスに汚れた下着があれば、腹が立つでしょう。しかし、腹が立った気持ちをそのままお年寄りにぶつけたら、ギリギリで保っている本人のプライドが崩れて、もっと困った行動をとってしまうかもしれません。そうなってしまうと、下着の洗濯だけでは済まない大変な手間や介護が増えてしまうのです。

ここは一つ、あなたの心の中に汚れた下着をおさめて、「知らぬが仏」を続けましょう。そして、「洋服ダンスの汚れた下着」でイライラする自分の腹立たしさ・情けなさ・これからの不安をあなたは誰に話すかを考えましょう。夫婦・きょうだい・親族は身内なので難しいでしょう。しかし、親本人を知らない、介護をしたことのない他人に言っても伝わりません。そこで、「他人以上身内未満」の関係であるヘルパーや介護事業所の職員、ケアマネジャー、家族会の仲間などに話してみるとよいと思います。

for 接し方の5step

汚れた下着を隠してしまう人への接し方

step 1 傾聴

今日はお天気もいいし、まとめてお洗濯をしたいので、お義母さんの洋服ダンスを見てもいいですか？

まずは話を聞く

step 2 受容＝共感

（汚れた下着を見つけたとしても）お義母さんはいつもきれいにしていますね。

私なんか洋服ダンスの中をすぐゴチャゴチャにしてしまうんですよ。

私の心を整える

step 3 繰り返す ほめる

お義母さんは上着も下着も、タンスに片づけるんですね。いつもきちんとされて、すごいですね。さすが昭和一桁生まれはちがうなあ。

私を受け容れてもらう

step 4 質問

私、洗濯はため込んで、一度にまとめて洗うのが好きなんですよ。ここのタンスの洋服、思いっきり洗ってもいいですか？

希望を伝える

step 5 ケアへの声かけ

嬉しいなあ。私、本当に洗濯好きなんですよ。まとめてするとスッキリしてセイセイするの。これからもお洗濯させてくださいね。

お願いをする

注：洋服ダンスに下着を隠していることを介護者は知っているのですから、黙って洗濯することで済みます。今回は本人に恥をかかせずに洗濯する声かけです。

パッド交換に激しく抵抗する

ある日、マキオさんに「そろそろお時間ですよね。トイレに行ってサッパリしましょう」と言ってトイレ誘導をしようと近づいたところ、「いや、出てない。あっちに行け」と言われました。しかし、便臭がしたので、「出ていますよね。パッドを交換しましょう」と声をかけると、「うるさい！　出ていないと言っているだろう！」と応じてもらえず、介護者は困り果ててしまいました。

ここに気をつけて 便が出ていることを、マキオさんはわかっています。恥ずかしいような、やってしまったというような、嫌な感じでソワソワした気分です。マキオさんは、（便が）出ているという事実を突きつけられて、さらに不愉快になりました。パッド交換が嫌なのではなく、嫌なことを言うあなた（介護者）が嫌なのです。

！ このようにかかわってみよう

➡何を嫌がっているのかを考える

私たちは自分にとって恥ずかしいこと、都合の悪いことを言われると、それが正しいことであればあるほど、痛いところを突かれて嫌な気持ちになります。

事実を突きつけられて嫌な気持ちになっても、「これは私が悪いのだから、私が解決して乗り越えなくてはならない」と、自分を振り返って前向きにとらえ直すことができるのは、事実を認識して自分の言葉で考え、判断する力をもっている人です。

認知症のある人は、嫌な感じや恥ずかしい感じはあるけれど、どのような事実からその感情がわいてくるのかを理解することができません。今回の事例でいえば、マキオさんは何となく便で気持ち悪いことは感じていますが、どうしてそうなってしまったのか、どうしなければならないのかを順序立てて考えることができません。この嫌な感じと、便という大変なことと、知られたくないけど何とかしてほしいという感情がごちゃ混ぜになってイライラしています。そこに、「事実としての正しさ」だけを命令口調で指摘しながら近づいてくる人は、マキオさんにとってさらにイラっとさせる嫌な人となります。そうです、嫌われてしまうのです。こうなると「助けてほしいけれど、あなたは嫌です」となってしまいます。

その人が今一番気にしていること（今回は便で汚れること）を避けて、別のこと（できればその人の好きなこと）を話題にしながら、「お願い」「申し訳ない」「ごめんなさい」「ありがとう」という相手を責めない言葉を繰り返して、「内容や事実はよくわからないけど、この人についていっても嫌なことにはならないな」といった雰囲気をつくって、さりげなくその人が一番求めていること（今回は着替え）をしてみてください。

本人が一番気にしていることには触れないで、気になっていることを楽にするかかわり方をやってみるといいでしょう。

for for
接し方の5step

パッド交換を拒否する人への接し方

step 1　傾聴

急で悪いんですが、一緒にお風呂（排泄以外のマキオさんが好きなこと）をお願いできますか？　上司から言われちゃったんですよ。

まずは話を聞く

step 2　受容＝共感

（受容）ちょうど今、お風呂がわいて、いい湯加減なんですよ。昼間からお風呂をいただくと、気持ちいいですよ。

私の心を整える

（共感）急だから困りますよね。「何だ？」って思いますよね。私もそう思います。そこを何とかお願いします。

step 3　繰り返す　ほめる

私の顔を立ててくれて、ありがとうございます。マキオさんなら、わかってくれると思っていました。

私を受け容れてもらう

step 4　質問

では、その前に着替えをしてよろしいですか？（または）その前にトイレを済ませておきましょうか。

心配を伝える

step 5　ケアへの声かけ

すみませんねえ、私のわがままで、お願いばかりして。マキオさんが着替えてくれたので、私までサッパリしました。

お願いをする

注：何も言わず、目を見て頷いて、手を握って、トイレなど人目につかないところにゆっくり移動して、手際よくパッドを交換しましょう。
注：便が出た後ですから、本人が納得するならそのまま本当にお風呂に入りましょう。

—事例—
16

オムツ交換をしようとすると怒り出す

「そろそろオムツ汚れているんじゃない？　出てますか？」と言って職員が寝ているマチコさんに近づくと、マチコさんは「出とらんわ！　うるさい！　触るな！」と怒り出しました。職員は「臭いんだから、出てるに決まってるでしょう！　そんなこと言うなら、換えてあげませんよ！」と言って無理やりに布団をめくりました。

ここに気をつけて マチコさんは本当に「オムツ交換」を嫌がったのでしょうか。人からオムツ交換を受けるというのは嫌だろうなということは想像できます。それでも我慢してオムツ交換を受け容れてきたのに、今回は寝ていたところをいきなり大きな声で近づいてこられて、マチコさんはもう耐えられなくなったのでしょう。もともと嫌なオムツ交換を、さらに嫌な体験にしてしまっている自分の言動に気づきましょう。

！このようにかかわってみよう

➡お年寄りの恥の重さを介護で軽くする

老いることで我慢しなければならない日常はどうしようもないことです。どうしようもない我慢をお年寄りは大声を出して発散することがあります。ベテランの介護職は、介護する・受けるという関係を降りて、この我慢の発散を意図的に引き出すこともあります。ただし、これはお年寄りと充実した関係をもつプロの技なので、新人には勧められません。

私たちは認知症のある人へのケアが、まだまだ未熟です。上手なケアができないのであれば、せめて、下手なケアをしないようにしましょう。下手なケアというのは、お年寄りに痛い思いをさせる、怖い思いをさせる、そして、恥をかかせることです。恥をかかせるということは、介護者が思っている以上に悪いかかわりだということを知っておいてください。

お年寄りの恥は、職員との年齢差の分ほど重く感じていると思ってください。例えば、職員が20代でお年寄りが80代なら、4倍恥ずかしく思っていると想像してみてほしいのです。

今までできていたことができなくなる。自分より年齢や立場の低い人から指摘される。自分が一番嫌だった「他人に迷惑をかける」ということをしてしまっている。若い頃は、こんなお年寄りを恥ずかしいと思っていた、その恥ずかしい老人になってしまった……。人は悲しいときには泣いたり、痛いときは「痛い」と声に出すことができます。しかし、恥をかいた気持ちは、言葉にも表情にもならないまま、たまっていくのです。その表現できないからこそたまっていく嫌な感情は、お年寄りをさらに苦しめ、あげくに無気力にしてしまいます。「どんなに歳をとっても、身体が不自由になっても、ここは誰も恥をかかない場所ですよ」と言えるところが、そのお年寄りの生活の場となったらいいですね。

オムツ交換を嫌がる人への接し方

step 1　傾聴

（静かな小さな声で）高山です。よろしいですか？

まずは話を聞く

step 2　受容＝共感

すみませんね、できるだけ手早くしますので、ごめんなさいね。

あっち向いたり、こっち向いたり、嫌ですよね。せっかく寝てたのにねえ。

私の心を整える

step 3　繰り返すほめる

マチコさんが協力してくれたから、すぐ済みました。ありがとうございます。助かりました。

私を受け容れてもらう

step 4　質問

寝ているところを起こして、マチコさんが睡眠不足にならないか心配です。もしよかったら、今度から一緒にお手洗いに行きませんか？

心配を伝える

step 5　ケアへの声かけ

私、マチコさんとトイレに行く練習してもいいですか？　どこまでできるかわからないけど、まずは排便だけからでも、トイレでやってみましょう。

お願いをする

注：車椅子で30分座っていても痛みや血圧の大きな変動がない人は、トイレでの排便・排尿が可能です。

便を触って 汚してしまう

ある日、ナツオさんのお部屋に入ったとたん、便臭がしました。「あら？　大便出ちゃいましたか？」と言って布団をめくってみると、オムツの中に手を入れて、手が大便まみれになっていました。あまりの光景にギョッとして慌てたところ、ナツオさんも驚いてシーツや布団をベタベタ触ってしまい、便がどんどん広がってしまいました。思わず「ちょっと！　触らないで！動かないで！」と叫んでしまいました。

ここに気をつけて 介護の現場では、賞賛したり、感謝を伝える場面以外で叫んだり、大声を出してはいけません。なぜなら、あなたが思わず声を出したくなるその事実（排便を失敗した事実）をナツオさんはあなたより先に体験して、心が固くなっています。心が固くなるというのは、緊張とか、恥ずかしいとか、怖い、どうしようといった感情でいっぱいになることです。そんなときに叫ばれたりしたら、どうしてよいかわからなくなり、より不安が強くなります。その結果、大声を出したり、暴れたりすることになったら、お互いもっとつらくなります。

このようにかかわってみよう

➡さあ！　自分で自分に声をかけ、やるよ！　私

大人でも子どもでも、便を触ったり、便で汚す姿に驚きの感情をもたない人はいないでしょう。まずはその驚きの感情をもつ自分を、落ち着かせなければなりません。

驚きの感情のままに認知症のお年寄りに近づくと、叫んだり、なじったり、「やめて」と言うなどの行動を制限する発言になります。驚きの感情は、自分の発した言葉によって嫌悪などの悪性感情となります。その感情のままに行動すると、押さえつける・手を引っぱる・叩くなどの行為に至ったり、あげくに縛る・自分で更衣できない服を着せる・薬で動けなくするなど、相手の気持ちを考えない行動をとるようになります。これを虐待といいます。

認知症のある人の思わぬ行動に出合ったら、誰でも悪性感情をもちます。しかも、その人が自分の親や家族など、関係が深い人であるほど悪性感情は強くなります。それほど「気にしている」からです。無視していないからです。

その自分（＝介護者）の悪性感情に対して、自分で「こうやって、ウンコ・シッコのことにかかわるのが介護だよね」「ついに、このときが来たのだ！　さあ！　どうする自分！」と声をかけてあげてください。その悪性感情を受け止め、整えて、感情にまかせて慌てて動く自分から、考えて動く自分に変えていくのです。

これは、今までの深いつながりがある家族には難しいことなので、家族の介護はやさしくなれません。それは仕方のないことです。叫んで落ち着くなら叫んでもいいでしょうが、もっと興奮してきませんか。一人ぼっちで大騒ぎしても、後がむなしいだけです。さあ、気持ちを整えて、お風呂をわかして、どんどん洗って、バリバリ洗濯して、二人でサッパリしましょう。そして、次のウンコのタイミングをはずさないように、ねらってトイレに行きましょう。

for for

接し方の5step

動揺している自分自身の心の整え方

step 1 傾聴

ゲッ!! ウンコしてる。ウンコで汚してる。
エーッ! どうすんの! 私!

自分の心の声を聞く

step 2 受容＝共感

私、ビックリしてる。ビックリするさ、ウンコだもん。
こんなに汚して、もう! 嫌になっちゃう!

汚ないよね。どんどん広がってくから、もう嫌! って思うよね。臭いよね。情けないよね。

自分の心を整える

step 3 繰り返す ほめる

私、ナツオさんのウンコの現場にいる。頭がグルグルしてるけど、でもここにいて、何とかしようとしている私、偉いぞ!

自分が自分を受け容れる

step 4 質問

まず、何が大事? ナツオさんを驚かせないこと? 怖がらせないこと? 私は大丈夫?
布団が汚れるとかは仕方ない、後で洗える物はもういいよね。

自分へ自分の心配を伝える

step 5 ケアへの声かけ

これ以上、便が広がらないように、温かいタオルでナツオさんの手と足を拭いて、ゆっくり浴室に行ってシャワー浴にするかな。それから、布団とシーツを替えるかな。さあ! これが介護だぞ! 慌てない、慌てない、頑張れ私!!

自分へのお願いをする

注：この事例はお年寄りへではなく、介護者が自分自身の心を整えるための５ステップです。

季節外れの服装でも着替えない

サトコさんは真夏の暑い日に、洋服を何枚も着込んでいます。職員は思わず「まったく。こんなに着込んで暑くないの？　脱いでください！」と言って脱がせようとしますが、毎回サトコさんは不服そうな反応で嫌がります。

ここに気をつけて　まずは、サトコさんの表情を見てください。暑苦しく、不快な表情をしていますか。次に、汗のかき方や皮膚の状態を見てください。明らかに汗の量が多く、皮膚の状態が悪くなっているようなら、我慢強さをほめてから、着替えの手伝いをします。「サッパリした」という気持ちよい体験を共有してください。

反対に不快な表情もなく、状態もよく、サトコさんが気に入って洋服を着ているのなら、何も問題ありません。それでも、脱がせようとするならば、それは暑苦しい姿を見るのが嫌だという、あなたの不快感を押しつけているだけです。

このようにかかわってみよう

➡ほめてくれる人にしか素直になれない

お年寄りの服装は何より、本人が気に入ったものにしましょう。気がねなく好きな服を好きなように着ると、心が明るくなって落ち着きます。それがあまりに季節外れな服装だったとしても、表情や体調を見て、変わりないようでしたら問題ありません。

ただ歳をとると、自分の姿を鏡で見ることが少なくなる傾向があります。認知症のお年寄りであれば、鏡の場所がわからなかったり、鏡に映った自分の姿がよく見えなかったり、何がどう映っているのか説明してもらわないとわからないときがあります。

鏡の前に無理やり連れ出すのではなく、通りがかりに偶然をよそおい、「こんなところに鏡がありました」という感じで、お年寄りと介護者の姿を並んで映してみましょう。

「洋服がよく似合っていますね」というポジティブな会話から始めて、「3枚重ねて着るより、1枚のほうがスッキリしますかね」などと、より似合う服を見立てるような話題をふって、お年寄りのほうから「そうだね、そうするか」という気持ちになったら、季節に合った服装にする手伝いをしてください。

今回のように、不釣り合いが気になる介護者に振り返ってもらいたいのは、普段お年寄りが自分で選んで服を着ているときに「ステキですね」などとお年寄りの服装をほめているかということです。ほめてくれたこともない人から、悪いところばかり指摘されると、「この人はいつも私に文句ばかり言う」という感じがして、受け容れてもらえないでしょう。

職員が気に入らない服装でも、本人が気に入っているのであれば、何も問題ありません。無理に着替えさせるようなことはしないでください。

for

接し方の5step

暑くない（表情OK、汗もかいていない）場合の接し方

step 1

傾聴

サトコさん、こんにちは。今日もお天気がいいですね。
あら、サトコさん今日もステキなお洋服ですね。

まずは話を聞く

step 2

受容

毎日、何を着ようかって選ぶのなかなか大変ですよね。

＝

共感

サトコさんみたいに衣装持ちだと、迷いますよね。

私の心を整える

step 3

繰り返す ほめる

だけど、サトコさんはいつもちゃんとされていて、すごいですよ。私なんか着たきりスズメだから、サトコさん見習います。

私を受け容れてもらう

step 4

質問

お昼から、暑くなってきましたけど、サトコさん暑くないですか？

心配を伝える

step 5

ケアへの声かけ

サトコさんの、きちんとされているところがすばらしいですけど、あんまりお行儀よくしすぎて、無理されて、身体を壊したら、娘（息子）さんに申し訳ないので、少し楽になられませんか？
私にお手伝いさせてください。

お願いをする

for

接し方の5step

暑い（表情つらそう、多量に発汗している）場合の接し方

step 1

傾聴　こんなに汗かいて、皮膚が赤くなって、気持ち悪くないですか？

まずは話を聞く

step 2

受容　着替えは大変ですよね。

＝

共感　面倒ですよね。

私の心を整える

step 3

繰り返す ほめる　暑いのを我慢させて、ごめんなさい。
サトコさんは我慢強い人だから、すごいですね。

私を受け容れてもらう

step 4

質問　サトコさんにあせもができないか心配です。

心配を伝える

step 5

ケアへの声かけ　今から一緒に着替えてサッパリしませんか？
サトコさんがサッパリすると、私もサッパリします。お願いします。

お願いをする

衣服が汚れても脱いでくれない

テツコさんは着替えが嫌いです。今朝もパジャマが汚れていたので、着替えてもらおうとしましたが、「いらん！　このままでいい！」と強い口調で拒否されてしまいました。職員は時間がないので、黙って一方的に服を脱がしにかかりました。

ここに気をつけて 通常、嫌がる人の服を一方的に脱がせたら、犯罪です。暴力ともいえます。テツコさんの命にかかわるような緊急事態ならともかく、毎日の生活のなかで一方的なことをされると、腹立たしくなって暴力で返すこともあります。その状態が続くとむなしくなってきて、抵抗もなくボーッとして全面的に受け身なテツコさんになってしまうでしょう。そんなつらい暮らしをつくりたくて介護しているわけではありません。お年寄りに好きになってもらえなくても、せめて敵だとは思われたくないものです。

！このようにかかわってみよう

➡急ぐ自分に気をつけて、余裕をもって笑いをとる

生活行為のほとんどは、自分の意思で行うことが多く、自分の好きなようにやれるところに安定した生活があります。それが身体の不自由などの理由で、自分一人ではできなくなった場合、まずは繰り返し人の手を借りて生活するわずらわしさを受け容れなければなりません。「力を貸してください」と、できないことへの支援を発信することを、「自立」といいます。

認知症のお年寄りの場合、「嫌なことは嫌だ」と表現できているということ、それを周囲が受け容れて、本人の嫌がることはしないというのも、自立支援の一つといえないでしょうか。

まずは、嫌がる理由をお年寄りの立場になって考えてみます。次に「だから今は着替える気分にならないんだろうな」という仮説（〜じゃないかなぁと思ったり、考えたりしたこと）を立てて、時間をあけて私たち介護者の次の行動やかかわり方を考えましょう。命にかかわるような危険が迫っている状態でないのであれば、お年寄りのペースを考えながらかかわりたいものです。

今まで自分一人でやってきた生活行為（今回は着替え）を、自分でできなくなったからといって、自分の意思を無視されて一方的にやられてしまうのは、お年寄りにとっては暴力的な行為を受けたことになります。一方的に脱がすという暴力的な行為をした人のことを、お年寄りは嫌います。嫌いな人と暮らすのは嫌ですよね。

特に今回は、着替えです。テツコさんが嫌なら、最後は「それでもいいか」という余裕をもってください。その余裕を笑いや遊びに変えて、お年寄りが「ホントにこの人は仕方ないね。それじゃ着替えてやるか」と言うところまでもっていけたらよいですね。

なかなかそううまくいきませんが、朝から着替えで一回笑ってもらえたら上等です。

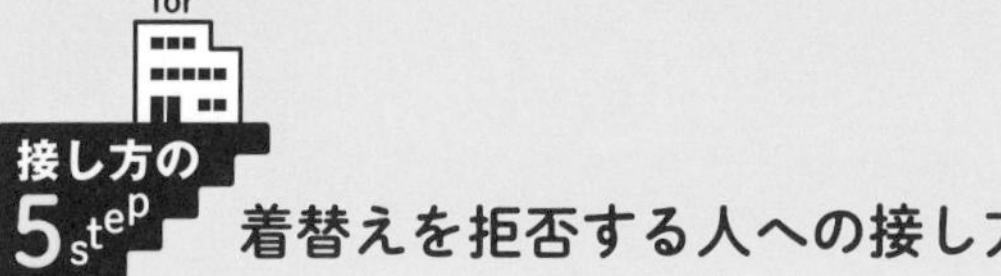

着替えを拒否する人への接し方

step 1　傾聴

おはようございます。夕べはよく休まれましたか？　今日は暖かい（または、寒い）ですね。

まずは話を聞く

step 2　受容＝共感

さあ、今日も一日はりきって着替えますかね。
気分を変えて着替えましょうね。
あー、着替えが嫌なんですね。そうかあ。

私の心を整える

嫌なことは、嫌ですよね。【着替え以外のことを提案する。髪を整えましょう、テレビでも見ましょう、など】それじゃあ、私はいないほうがいいですね。
また、来ます。

step 3　繰り返す　ほめる

テツコさん、また来ました。そろそろ気分が変わって、着替える気になりましたか？　さすが、テツコさん、信念の人、そんなに簡単に着替えてなるもんか！　ですよね。

私を受け容れてもらう

step 4　質問

私はテツコさんがこれを着てくれたら、本当に嬉しいです。何でかというと、娘（息子）さんが喜ぶからです。
私のため、娘（息子）さんのため、〇〇のため……、着替えていただけませんか？

心配を伝える

step 5　ケアへの声かけ

私のわがままで申し訳ありませんが、一回だけ私のお願いを聞いてください。一生のお願いです！（笑いをとる）

お願いをする

お風呂に入るのを嫌がる

ある夏の日、「汗をかきましたよね。水曜日だから、今日はヤスオさんのお風呂の日ですよ」と言って近づくと、ヤスオさんは「風呂なんていらん！」と応じません。職員は「今日入ってくれないと、しばらくお風呂ないですよ。お風呂に入らないと、汚いじゃないですか」と説得しましたが、「いらん！　入らん！」と言ってききません。

ここに気をつけて　お風呂に入りたい日もあれば、入りたくない日もありますよね。それを決めるのはヤスオさんです。なのに、曜日や時間だけを先に決められて、今日の自分の気持ちを無視されて介護職側の都合だけを押しつけられては、とてもお風呂に入る気にはならないでしょう。「ここは失礼なところだ」と、不愉快になるばかりです。入浴を曜日で限定するのではなく、お年寄りが入りたくなったらお風呂に入れるような体制をつくりましょう。

このようにかかわってみよう

➡段取り優先を引っこめて、お年寄りの気持ちを一番に

生活のなかにある介護には、準備や段取りがあり、大きく次の4パターンに分けられます。

①介護職側が準備や段取りした通りに介護が進み、お年寄りも喜んでくれるよい介護。

②介護職側が準備や段取りした通りに介護が進められていなくても、お年寄りが喜んでくれる介護。

③介護職側が準備や段取りした通りに介護は進むが、お年寄りが喜んでいない。これは介護とはいえません。

④介護職側が準備や段取りした通りに介護が進まず、お年寄りもとてもガッカリしている。全面的に見直しが必要な介護。

私たち介護職は介護をするためにここにいるのですから、生活の場を①と②の状態にして守っていかなければなりません。③と④になってしまったら、介護ではなく利用者を苦しめることになります。

職員たちはときに「ちゃんと介護しよう！」と意気込むあまり、②と③の違いに気づかずにいることがあります。自分が計画した通り、段取りよく物事が進んだときはよい気分になりますが、自分がよい気分になるために、利用者を使ってはなりません。職員が本当に心から納得できる介護は、お年寄りも職員も笑っている介護です。

毎日そんなにうまくはいきませんが、その日の仕事が終わったら、今日の私は③になっていなかったかと、振り返ってください。または、段取りが悪かったと自分を責める前に、②だったからよかったと自分に言ってあげてください。このように、仕事としての介護を振り返りながら繰り返していき、①になる日がやって来たときは本当に嬉しくて、介護のやりがいを感じます。それは利用者の生きがいにも通じるので、ぜひ、チャレンジしてみてください。

入浴を拒否する人への接し方

step 1

傾聴

ヤスオさん、お風呂はいかがですか?

まずは話を聞く

step 2

受容

あら、入りたくないですか。そんな日もありますよね。

＝

共感

お風呂って気持ちいいけど、入るまでが何だか面倒ですもんね。

私の心を整える

step 3

繰り返す ほめる

それじゃ、今日はお風呂やめときますかね。
ヤスオさん、しっかり気持ちを言ってくれて、ありがとう。

私を受け容れてもらう

step 4

質問

ただ、ずーっと入らないってわけにもいかないですよね? 次はいつ頃だったら入ってもいいですか?

心配を伝える

step 5

ケアへの声かけ

わかりました。明日(本人が言った日程)ですね。また、お誘いに来ますから、そのときはよろしくお願いします。

お願いをする

事例
21

入浴介助中に 胸を触ってくる

実践編▼21

ムネオさんは入浴介助をする若い女性職員の胸を触ることがあります。ユウコさんが入浴介助をしたときも、胸を触られてすごく嫌な気持ちになりました。しかし、「ムネオさんは認知症があるので、自分が我慢しなければならない」と考え、ユウコさんは必死に我慢し、身体の向きを変えました。すると、ムネオさんも身体の向きを変えて、さらに触ってきました。

ここに気をつけて 介護していて心から「嫌だな」とか、「これは私には無理だ」と思ったことは、我慢するのではなく、身近で信頼している人に助けを求め、相談しなければなりません。相談することも仕事だと思ってください。

パワハラ・セクハラ・モラハラに相当することは、その場で「やめてください」とはっきり言って、他の人（できれば上司）を呼んでください。このことは、新人や介護を始めて間もない人にはしっかり伝えてあげてください。

このようにかかわってみよう

➡これからもかかわる人だから、嫌なことはしっかり言う

過去には、相手は認知症だからとか、お年寄りだからといって、「我慢しなさい」「適当にあしらいなさい」「それぐらいはサービスしなさい」などという風潮があったかもしれません。しかし、今は違います。お年寄りが認知症であろうとなかろうと、サービス利用者が暴力をふるったり、性的な行動をとったときなど、自分が「怖い」「嫌だ」と感じたら、その利用者の安全を確保して、その場を離れたり、拒否してよいのです。

サービス利用者と職員は、人間として嫌なことは嫌だと示すことのできる対等な関係にあります。認知症だから仕方ないという視線は逆に、認知症の人を軽んじた差別へとつながっていきます。まずは、このことを新人に研修会や会議などでしっかり言葉にして伝えましょう。そして、現実にそのようなことがあったときに備えて、一人でかかえ込まず、すぐ報告できる仕組みをつくっておきます。

ただし、この一件だけで、サービスの中止や利用を断ったり、退去を求めてはいけません。安易に薬を使うこともひかえましょう。また、家族に報告するかどうか、報告するならば家族の誰にするのかは、担当のケアマネジャーと管理責任者などを含めて慎重に検討してください。

職員と利用者は、ハラスメントに至る行為を拒否できる対等な関係だからこそ、なぜそんな行動をするのかを考えることができます。その利用者がハラスメントに相当する行動をし続けると、その人にとって望ましい生活環境がつくりにくくなり、その人が暮らしにくくなるから、どうしたらよいのかを話し合うのです。かかわる人たちが、「私はあなたと一緒に暮らしていきたいからこそ、私たちの気持ちを伝えるのです」という姿勢を大切にして、介護を考えてみましょう。

セクハラをしてくる人への接し方

step 1 傾聴

ムネオさん、私は身体を触られるのは嫌です。やめてもらえませんか。

私の話を聞いてもらう

step 2 受容

共感

ムネオさんは、軽い気持ちかもしれませんね。

女の人とはしゃぐのは楽しいかもしれないけど、私は今、ちっとも楽しくないです。

私の心を整える

step 3 繰り返す ほめる

わかっていただいて、よかったです。このことは、上司に報告させていただきます。

お年寄りに説明する

step 4 質問

今日のことで私に言いたいことがあるのなら、上司からあらためて話があると思いますので、そのときお伝えください。

自分の考えを伝える

step 5 ケアへの声かけ

私はこれからもムネオさんの介護をしたいと思っています。でも、今日のようなことがこれからも続くなら、ムネオさんの介護は無理です。このことは、承知してください。

お願いをする

人前で裸になろうとする

サチヨさんは怒ったり興奮したりすると、突然「私どうしたらいいの！　助けてよ！」と言いながら人前で服を脱ぐことがあります。職員は「ちょっとサチヨさん！　ここはリビングですよ、恥ずかしい！　服を着てください！」と言って慌てて服を着せようとしますが、サチヨさんはさらに抵抗します。

ここに気をつけて 裸になっていることだけにとらわれて、介護者も感情的になり、大声や強い口調で無理に服を着せようとすると、周囲の人に「サチヨさんは恥ずかしい人・ダメな人」という印象を与えてしまいます。また、職員が慌てて接することで、サチヨさんはさらに興奮していきます。それを見た他の利用者は「私もあんなふうにされるのかしら……」という不安を抱いてしまうでしょう。

このようにかかわってみよう

➡あなたの不安は遠いけど、私はあなたを守ります

服を脱いだり、大声を出すという行為は、他の人がいないところであれば、特に問題のない行為です。私たちも人のいない家の中などで、裸になったり好きな恰好をしたり、ひとりごとを言ったり、歌を歌ったりしますよね。

ただ、その服の脱ぎ方や大声の出し方が、怒っていたり、怖がっている様子であれば、その行為を通じて伝えたい何かがあるかもしれないので、表情をよく見て対応していきましょう。

問題になるのは、その場に周囲の人の目や耳がある場合です。認知症のお年寄り自身は納得して行っていることであったとしても、一緒に暮らす人には迷惑だったり、怖い、うるさいなどの不快感を与える行為になってしまうことがあります。このような場合は、まず職員が「サチヨさんが心配かけてごめんなさい」と周囲に謝ります。「本人には悪気がないんだけど、皆さんは嫌ですよね」と頭を下げてください。そして、サチヨさんに寄り添った声かけをていねいにする様子も、併せて周囲の利用者に見てもらってください。

一緒に暮らすお年寄りには、「私もああなったらどうしよう」という不安があります。それに加えて、「ここではああなったら、こんなふうに乱暴に扱われるんだ」「歳をとることは情けないことだな」と思わせてしまうのか、「ここではどんなに歳をとっても最期まで、ていねいに人としてかかわってくれるんだ」「ここならどんなに歳をとっても大丈夫だ」と思ってもらえるのかでは、お年寄りにとっての生活環境は大きく変わります。

認知症のある人の思わぬ行動が、介護者の対応によって、「少し変わっているけどおもしろい人」とか、「私たちが温かく見守っているからこの人は楽しそうだ」という人気者のような存在になると、誰にとっても暮らしやすい環境になっていきます。

for

接し方の5step

突然、人前で服を脱いでしまう人への接し方

step 1 傾聴

あらあらサチヨさん、どうされましたか？
何か心配なことがありましたか？
私が助けますよ。

（まずは話を聞く）

step 2 受容

何だかよくわからなくなって、決められなくなったんですね。どうしたらいいかわからないですよね。

＝

共感

それは、怖いですね。心配ですね。

（私の心を整える）

step 3 繰り返す ほめる

サチヨさんは、わからなくなっても私に言ってくれたから私は嬉しかったです。本当によかったです。

（私を受け容れてもらう）

step 4 質問

・大丈夫ですか？　何か温かい物でも飲みますか？
・身体が冷えるから、タオルかけてもよいですか？
・服を着るのを手伝ってもよいですか？

（心配を伝える）

step 5 ケアへの声かけ

これからも怖いこと、嫌なことあるかもしれませんけど、そのときは今日のようにいつでも声をかけてくださいね。

（お願いをする）

事例
23

目の前にある物を「なくなった」と言って探す

タカシさんが「メガネがない」と探しています。職員が見ると、タカシさんの頭の上にメガネが乗っかっていました。いつものことなので、「あらやだ、頭にあるじゃない！　しっかりしてよ」とあきれた調子で言うと、タカシさんは機嫌が悪くなって怒り出してしまいました。

ここに気をつけて あなたは、自分の上司や目上の人がタカシさんと同じように頭の上のメガネを探していたら、今回のように相手を軽んじた態度をとりますか。そんなことをしたら、相手の機嫌を損ねたり、自分の印象が悪くなるし、何より失礼になるのでこのような態度はとらないでしょう。自分の心の中に「認知症の人だから」とか、「何度も同じことばかり言うから面倒くさい」などと考え、ぞんざいな態度をとっている自分がいないか考えてみてください。

このようにかかわってみよう

➡どうせわからないと思って接する自分は恥ずかしい

認知症のお年寄りは、身のまわりの物を自分以外の人に触られるのを嫌がることがあります。介護者側も勝手に触ったり、掃除したりしていいだろうかと迷うときがありますね。

身近にあって、必ず見つかるような日常の物、例えばメガネ、新聞、時計、薬、靴下がなくなったというときは、掃除のチャンスです。一緒に探しながら、身のまわりの物を整理整頓しましょう。

そして、介護者側が一方的に見つけるのではなく、しばらく一緒に探して、さりげなく本人が見つけるように誘導して「あら、あったわよ。あなたもシッカリしてよ！」と自分で見つけたお年寄りが、見つかった安堵感と共に、介護者にちょっとした優越感をもってもらえたら、大成功です。

着古したシャツや使いかけの化粧品がなくなると、「盗まれた」と騒ぐ人もいるでしょう。そんなときも一緒に探します。やがて、お年寄りが自分で見つけた物を持って、「何で泥棒はこんな物を持っていくんだろうね」などと言うこともあります。以前私が「最近の泥棒は心が真っ直ぐな人の心を盗んでいくのかなぁ」と冗談を言ったら、「そうなのよ。私はこんな心の女じゃなかった。もっと真っ直ぐで、他の人を疑ったりするような人間じゃなかった。私はそれが悲しいの」と言った認知症のお年寄りもいました。

記憶・見当識の障害により、「物がなくなる。何でこんなことが続くのか、誰かが私を困らせようとしているのか」と思い込み、こんな気持ちになっている自分が嫌になって、落ち込んだり、イライラしているのかもしれません。

「何がなくなっても、私はあなたの味方です。いつまでも一緒に探します。あなたの大切な“自分”を一緒に守っていきます」ということを、一緒に探すという行為で伝えていきましょう。

for

接し方の5step

“あるはずの物”を探す人への接し方

step 1

傾聴

どうされましたか？
あら、メガネがないの？　それは大変だ！
私も一緒に探しますからね。よろしいですか？

まずは話を聞く

step 2

受容

大事な物なんだけど、すぐになくしちゃいますよね、メガネって。
私もよくやります、嫌になっちゃいますよね。

＝

共感

メガネがないと、見えにくくてイライラしますもんね。どこにいったのか、オロオロしますよね。

私の心を整える

step 3

繰り返すほめる

【メガネを探しながら、タカシさんの身のまわりを片づける】タカシさんは、いつもきちんとお掃除されていてすごいですね。

私を受け容れてもらう

step 4

質問

あら、タカシさん頭に大きなゴミが付いていますよ！
取れますか？　取りましょうか？
【タカシさんは自分の手でメガネに触れて、
「あ！　あったぞ」とメガネを自分で見つける】

心配を伝える

step 5

ケアへの声かけ

【笑って】やだ私、ゴミだと思ったらメガネだった！　ごめんなさいね。また、気づいたらタカシさんから教えてくださいね。

お願いをする

もともとない物を「あるはずだ」と言って探す

ユウさんはダイヤモンドがなくなったと騒いでいますが、職員はそんな物があるわけないことを知っています。最初は話を聞いたり、一緒に探すふりをしてみましたが、あまりに何度も繰り返し言うので、思わず「そんな物あるわけないでしょう！何でそんな嘘ばかり言うの」と怒ってしまいました。

ここに気をつけて この世に存在しない物がなくなる。この世にない物なのだから、それはそのお年寄りの心の中や頭の中にある物です。それは、私たちには見えないけれど大切な物なのです。例えば、安心・プライド・家族とのつながり・自分がここにいる意味・こだわりなどでしょうか。その目に見えない物をなくなったと懸命に表現しているのに、無視したり、否定するような言葉や態度は、お年寄りがここにいることを否定することとなり、不安を強めます。

このようにかかわってみよう

➡何をなくしても大丈夫、私たちはここにいます

認知症のお年寄りが、この世にない物に対して、強く執着するような発言や行動を見かけることがあります。ユウさんが執着したのは「探す」という行動でした。「探す」行動を繰り返すお年寄りは、焦っているような、とても不安そうな表情をしています。

長く生きてきたお年寄りは、いろいろなことを手に入れてきました。人としての学び、社会人としての実績、親としての責任、男性・女性としての輝きなどです。さらに長く生きていると、手に入れた物を徐々に失っていきます。それはとても淋しいことですが、それらを思い出としてもっていれば、現実の世界ではなくなったものでも心の中で大切にしておくことができます。

しかし、認知症のお年寄りは、その思い出さえもなくなってしまいそうな状態なのです。何を失っても覚えておきさえすれば、それはあったことになりますが、忘れてしまえば、何もかもが最初からなかったことになってしまう。「だから、忘れないようにしよう！」と思っているのに、忘れる。何を忘れたのかも忘れてしまう。それが怖くて、いつも何かを探しています。探してさえいれば、まだ、なくなっていないように感じるからです。

だから、認知症のお年寄りが何かを探していたら一緒に探してあげてください。そして、「あなた（お年寄り）が何を忘れて、何をなくしても大丈夫。私があなたを大切に思い、あなたが私と一緒にいるという一番大切なことは、今ここにある」ということを、「探す」という行為を一緒にすることで伝えてください。

そして、頃合いを見計らって、「あれ⁉　もう晩ご飯の時間だ！」と、ふっと気をそらしてあげてください。執着した心が疲れたか、あきたか、安心したところで、ちょっと気をそらす。ここが介護者の腕の見せどころです。

接し方の5step

実際にはない物を探している人への接し方

step 1 傾聴

へえ！　ダイヤモンドがなくなったの!?
それは、大変だ。

まずは話を聞く

step 2 受容

そんなにたくさんのダイヤモンドを持っていたら、
いつも気になって大変ですね。

＝

共感

ダイヤはほしいけど、たくさんあっても心配ですね。一緒に探しますね。早く見つけなきゃ。

私の心を整える

step 3 繰り返す ほめる

ユウさんはこれまで一生懸命働いたから、たくさんダイヤを持っているんですね。やっぱりユウさんはすごいなあ。

私を受け容れてもらう

step 4 質問

【しばらく一緒に探しながら、本人が少し疲れて、
あきてきたところで気持ちを少しそらす】
①あら!?　もう3時ですよ、疲れましたね。
　お茶をいただきますか？
②あら!?　あんなところにパンダがいますよ！

心配を伝える

step 5 ケアへの声かけ

①今日のおやつは何ですかね、楽しみですね。
②パンダなんかいるはずないか、そっか。
じゃあ、お手洗い行きましょうか。

お願いをする

「お金を盗られた」と言って騒ぐ

チヅコさんがある日、「ここにあったお金がなくなっている。盗まれた。私は知っとる。お前が盗ったんだろう！」と言って、嫁（長男の妻）に盗みの疑いをかけました。「何でお義母さんのお金に私が手をつけるんですか！　いい加減にしてください！　こんなんだったら、もうお義母さんの介護はできない！」と、部屋から出て行きました。

ここに気をつけて 長男の妻（嫁）がお金を盗るはずはありません。しかし、現実にはあり得ないことでもチヅコさんの心や頭の中では起きていることです。一生懸命介護しているのに、金銭的なことや性的なことで言いがかりをつけられるようなことがあれば、とても嫌な気持ちになって「もうかかわりたくない」と思うのが当然です。しかし、ここでかかわりを絶ってしまったら、介護者である長男の妻がこの先ずっと嫌な気持ちのままで過ごすようになります。それでは、今までの介護までも嫌な体験にしてしまいます。私は、それが残念でたまりません。

このようにかかわってみよう

➡憎いにならないよう、「教えてください。お願いします」

お金を盗んだと犯人呼ばわりされたら、「こんなに一生懸命介護をしているのに、何で私が犯人扱いされなければならないの！」と腹が立ちます。家族ともなれば、その怒りの感情は抑えられないほど強くなるでしょう。実は、認知症のお年寄りは、一番かわいくて頼りにしている人を犯人にするといわれています。これはもう理屈ではありません。感情の世界で展開されていることなのです。今回の事例の場合は長男の妻です。

このときかかわり方で大事なのは、「お金」を盗んだ・盗まれたなど、「お金」という具体物の事実を追うことではありません。「お金」をきっかけに引き出された、その人の「おかしいことはおかしいと言う潔癖さ」「正しさを明らかにしたい正義感」「納得できないことはとことん追求する粘り強さ」に注目します。認知症のある人が言葉にする「事実」に介護者がとらわれるのではなく、そこで表現された認知症のある人の性格や心情へ介護者が関心を向けることが大切です。介護者が関心をもっていることへ認知症のある人の関心も一緒にもっていくことを「関心をそらす」といいます。

認知症によって執着するほど苦しめられる「事実」から、のびのび語ることのできる「心情」へと、認知症のある人の関心を解放していきます。そして生活の中に、その人の①昔、得意だったこと、②今できること、③人から喜ばれることを取り入れていきましょう。

この３つの要素を同時に行える代表的なことは料理、掃除、庭の手入れなどです。ぜひ一緒にやってみてください。現役だった頃ほどうまくできないでしょうが、得意な気持ちで好きなことをする場面をつくることが大切です。そのときの声かけは、このひと言です。「教えてください。お願いします」。

for

接し方の5step

盗みの疑いをかけてくる人への接し方

step 1 傾聴

お金がなくなった!? それは大変!
どうやってお金がないのに気がついたの?

まずは話を聞く

step 2 受容

さっきまであったから、盗られたって思ったんだね。
他に人はいないから、私が盗ったって思ったのね。

＝

私の心を整える

共感

盗人と一緒にいたら、腹が立つよねぇ。つかまえて、警察にさし出したくなるよね。

step 3 繰り返す ほめる

お義母さんは、何でも物事には白黒はっきりつけたい、スジの曲がったことが大嫌いな、真っ直ぐな人だもんね。

私を受け容れてもらう

step 4 質問

いくつになっても、そんな真っ直ぐな心でいられるのはどうしてですか?
私も真っ直ぐでいられますかね?

関心をそらす

step 5 ケアへの声かけ

お義母さんのように真っ直ぐな気持ちでいられるためには、どうしたらいいですか?
私に教えてください。

お願いをする

注：この事例は、犯人探しにならないように関心をそらすアプローチです。

同じ物を何個も買う

ある日、マリコさんが一人暮らしの母親の様子を見に家を訪ねると、買い物に出かけたようで留守でした。待っている間に冷蔵庫を開けると、豆腐が10個も入っていて驚きました。母親に注意しようと待ちかまえていると、なんと買い物袋にはさらに3個のお豆腐が入っていました。それを見たマリコさんは、「もうお母さん、いったい何個豆腐を買うのよ！　しっかりしてよ！」と、思わず怒鳴ってしまいました。

ここに気をつけて お母さんは一人暮らしを一生懸命やっているのです。それを心配して様子を見に来てくれた娘さんが怒ってどうしますか。これからしっかりすべきなのは、お母さんではありません。娘さん、あなたですよ。あなたが親の老いを支える立場になったのです。この親との新しい人間関係を受け容れられないでいると、イライラしたり、自分の不安をぶつけるばかりになってしまいます。

！このようにかかわってみよう

➡一人暮らしを「負けた」で終わらせない

一人暮らしは、自分一人で生活をつくっていかなければならないので、年齢に関係なく大変なことです。気軽なところが最もよいところですが、一人でいることの淋しさからくる不安と、家事などを一人でやりこなす手間。この不安と手間をさばきながら続けていきます。この不安と手間が、自分一人だけではどうにもまわらなくなってくると一人暮らしは崩れていきます。

敗北感を抱いてしまうような一人暮らしの崩壊をつくることは、よくありません。そうした気持ちのままデイサービス、ショートステイ、そして施設入居へと続く経過をたどると、その後の人生が負けて行きついた場所に思え、みじめな感じがしてしまいます。これはとてもまずい展開です。

「私は頑張った。みんなも頑張った。だけど、こっち（介護サービス）もなかなかいいなと思ったので、自分で選んで使ってみた」という経過を家族も一緒につくっていきましょう。

物をため込み、使ったり、捨てたりしないで、記憶を並べて暮らすのが、お年寄りの一人暮らしの特徴です。ある程度のことは、本人が好んでやっていることなので、周囲がとやかく言うことではありません。でも、このままでは生活がしにくくなると予想できるときは、早めに巡回型のヘルパーサービスを利用するなどして乗り越えていきましょう。

用語解説 **巡回型のヘルパーサービスとは**

介護保険サービスの一つで、正式名称は定期巡回・随時対応型訪問介護看護。一日に複数回、自宅にヘルパーが来て身体介助や生活援助を受けることができるサービスです。困ったときには24時間対応で随時訪問してもらうこともできます。

for

接し方の5step

同じ物を何個も買ってしまう人への接し方

step 1 傾聴

お母さん、暑く（寒く） なかった？
風邪もひかないで（転んだりもしないで）、
頑張ってるねぇ。

まずは話を聞く

step 2 受容 ＝ 共感

冷蔵庫見たけど、お母さん自分でご飯つくってるんだね。自分のご飯だけだとつくらない人が多いから、やっぱりお母さんすごいよ。

お父さんと私たちにはいろいろつくってくれたけど、自分一人になったら、やっぱり偏っちゃうよね。

私の心を整える

step 3 繰り返すほめる

それでも、つくっては片づけて、買い物して、何でもやってるお母さんは本当に偉いよ！ 私がお母さんと同じ歳になったら、できないと思うよ。

私を受け容れてもらう

step 4 質問

こんなにたくさん食べきれる？ これだけお母さんのことほめたんだから、冷蔵庫のお豆腐、少しもらっていってもいいかなぁ？

心配を伝える

step 5 ケアへの声かけ

もう少し私が来れたらいいんだけど、ヘルパーさんに来てもらって、お母さんが大変なことをやってもらおうか。私のために、少し考えてみてね。

お願いをする

—事例—
27

バナナの皮を「大切だ!」と言ってため込む

ヒロシさんは施設で暮らしていますが、自室のタンスにティッシュやバナナの皮などをため込みがちです。職員は、ティッシュはそのまま様子を見ることもありますが、バナナの皮は腐って臭いもするので、「こんなにため込んで！　こんな物いらないですよね！」と捨てようとするのですが、その都度ヒロシさんは「これは大切な物だ！」と抵抗するので、困っています。

ここに気をつけて　ティッシュやバナナの皮がヒロシさんにとって、①とても大切な物なのか、②いつか片づけようとは思っているがなんとなくため込んでいるのか、③片づけ方がわからなくなっているのか、④自分の空間を確認するための物なのか、物をため込む行為にはさまざまな理由が考えられます。

理由が何であれ、職員が「その物がヒロシさんにとってどういう意味がある物なのか」を考えずに片づけようとしていることが問題です。

! このようにかかわってみよう

➡自分の親にはできない、他人だからできる介護

腐る物を集めるような、認知症のある人の思わぬ行動に出合うと、私たちは驚いてしまいます。しかし、嫌悪感にかられて一方的に捨てるといった行為はやめましょう。

「家族」は今まで積み上げげた、深くて長い関係があるため感情的になりがちで、「家族」だからこそ、今あるがままの認知症のお年寄りを受け容れられない気持ちがあります。だから、私たちプロが介護を引き受けていきます。そのプロの介護職が、自分の感情を自分で受け止めることなく、嫌悪をあらわにした態度で認知症のお年寄りと接するようでは、何のための介護の仕事なのかをわかっていないことになります。

認知症のお年寄りの思わぬ行動に出合い、引き出された自分の負の感情は否定せず受け止め、受け止めきれないと判断したら、仲間（上司、先輩、同僚など）にその感情を相談・面談・会議などで伝えて、その感情を整える方法を自分なりに見つけていきましょう。

整えた感情をもって、前頁の「ここに気をつけて」で示したヒロシさんの①〜④を考えていきます。そして、「捨てる」ではなく、預かる・片づける・いただく・移動する・ほしい人にあげるなど、どれがヒロシさんが一番納得するのかをさぐっていきましょう。一度ではわからないかもしれませんが、ヒロシさんが納得するまで、何度でもチャレンジしてみましょう。

家族が家族ゆえになかなかできない「考える介護」を、プロの介護職が試行錯誤しながら手づくりしていく。そして、その経過と結果を家族と共に分かち合うことが大切です。私たちの仕事は人とのかかわりに時間と手間をかけることです。

for

接し方の5step

不要な物を溜め込む人への接し方

step 1　傾聴

あらあ、ヒロシさん、バナナの皮がいっぱいですね。こんなに集めるのは大変だったでしょう。

まずは話を聞く

step 2　受容

たくさんバナナの皮があったら、嬉しいですよね。

＝

共感

もっともっと集めたいですよね。あるだけ置いておきたいですよね。どこまで集められるか、やってみますか。

私の心を整える

step 3　繰り返す ほめる

集めるのは大変だけど、置いておくと楽しいですね。私にまでいろいろ見せてくれてありがとうございます。

私を受け容れてもらう

step 4　質問

ヒロシさん、場所は足りますか？
ここらへん、少し場所をつくりましょうか？
いいですか？　ありがとうございます。【と言って腐るような物は引き取る】

心配を伝える

step 5　ケアへの声かけ

ヒロシさん、これからもどんどん楽しい物、集めてくださいね。私も置き場所づくりを手伝わせてください。よろしくお願いします。

お願いをする

実践編▼27

他の人の物を持ってきてしまう

キヨミさんは時々、他の利用者の部屋から私物を持ってきて、ため込んでしまうことがあります。職員は気づいたら、「ちょっとキヨミさん、これはお隣さんの物でしょう！　勝手に持ってきたのね！　すぐに返してください」と注意しますが、キヨミさんは聞き入れてくれないので、毎回強引に取り上げています。

ここに気をつけて 他人の物なのに本人の承諾を得ずに、自分の物にしてしまう。これは私たちの世界では「盗み」と言われています。けれど、キヨミさんの世界ではどうでしょうか。この点に思いをはせることなく、職員の見当識からの正義をふりかざしてキヨミさんを悪者にしてしまうと、キヨミさんは生活がしづらくなってしまいます。

！ このようにかかわってみよう

➡新しい関係づくりを私から広げていく

認知症のある人は、私たちの見当識・常識・理解を超える行為をします。その行為は社会的には迷惑行為だったり、犯罪行為ととらえられる場合もあります。

しかし、一般社会だったら大問題となる行為も、一人暮らしだったら誰にも迷惑をかけないとか、家庭内だったら犯罪とはいわないというように、「ここだったら大丈夫」となる場合があります。同じ行為が、犯罪になったりならなかったりするのには、どこに違いがあるのでしょうか。それは、その認知症のある人の行動を理解し、受け止めてみようという介護者がいるかいないかの違いです。

認知症のある人の行動を受け止めよう、理解しよう、一緒に暮らしていこう、生きていこう、と思っている介護者がいるとします。その人がそうではない人に、認知症のある人の思いや行動をわかりやすく説明したり、「無理しなくていいけど、これだけは知っておいて」と、考え方や知識を伝えていけば、少しずつ認知症のある人が生きる場所や暮らす場所が広がっていくと思いませんか。

私が以前勤めていた施設で、他の利用者の物をため込んでは自室に並べているお年寄りがいました。その方は私に、「覚えておかなきゃいけないことを忘れるから、見えるようにしているの」と話してくれました。私はその言葉を聞いて、この人は泥棒をしているのではなく、思い出や記憶を集めて並べているのだと感じました。介護者がそのお年寄りのことを「泥棒」と決めつけたり、「この人は悪い人だ」と少しでも思えば、そのお年寄りは、この人のそばでは生きづらくなり、暮らしていけなくなってしまいます。

私は長年介護の現場にいて、ふと思うことがあります。それは物事の区別がつきにくくなっているお年寄りの生きる場所や暮らす場所が、職員の介護によって豊かな場所になって広がっていくようになると、もしかしたら世の中が変わるんじゃないか、ということです。あなたはどう思いますか。

接し方の5step for

他の人の物をため込む人への接し方

step 1　傾聴

これ素敵ですねえ(これ珍しいですね。これはよい〇〇ですね)。どうされたんですか?

まずは話を聞く

step 2　受容

いやあ、こんなのなかなかないですよ。こんなの持ってるキヨミさんってすごいですね。

＝

私の心を整える

共感

これを持っていると、安心ですよね。嬉しいですよね。自慢できますよね。私も、あったらいいなって思います。

step 3　繰り返す ほめる

さすが、キヨミさんはいろんな物を持っていますね。それも全部、お宝級ですもん。やっぱりキヨミさんはすごい!

私を受け容れてもらう

step 4　質問

でも、こんなにすごい物を持っていたら、心配じゃないですか?　どこかに隠しておかなくても大丈夫ですか?

心配を伝える

step 5　ケアへの声かけ

ここに置いといたら、掃除とかでなくなっちゃうかもしれないから、私が預かっておきましょう。私が、預かっていてもよろしいですか?

お願いをする

事例
29
レクの最中に立ち上がってウロウロする

この日のレクリエーションでは、全員で一緒に歌を歌ったり、体操をしていました。しかし、トシさんは始まったばかりなのに、立ち上がってどこかに行こうとします。職員は「トシさん、行かないで！　ここに座っていて！」と慌てて止めましたが、かまわずに行ってしまいました。

ここに気をつけて 認知症のある人の中には、1か所にいることを不安に思う人がいます。介護者は、トシさんが同じ場所にいることが嫌なのか、それとも人が集まっている状況が嫌なのか、わかっていません。それがわからないのに、「ここにいてください」と伝えるのは、トシさんにとっては一方的な指示となります。

！このようにかかわってみよう

➡集団レクを集団処遇にしてはならない

同じ時間に、同じ場所で、一斉に同じ介護を提供することを、集団処遇といいます。これは悪い介護です。集団処遇がなぜ悪いかというと、集団で同じことをさせて、こちらが決めた時間内に終わらせようとする一方的な作業のなかでは、お年寄り一人ひとりの気持ちが無視されるからです。

代表的なのが、時間を決めたオムツ交換、決められた曜日にしか行われない入浴、決められた時間に一斉に食べ始めて一斉に終わらせる食事などです。本人が食べたいと思っていないのに食べさせる、入りたいと思っていないのにお風呂に入れる、尿意・便意を無視したオムツ交換のみの排泄、これらはもはや介護ではなく作業でしかありません。これではお年寄りの笑顔や、生きる力はどんどん失われていくでしょう。だから、「集団処遇はもう嫌だ！」と、現場の介護は徐々に個別ケアへと変ってきました。

さて、今回は集団のレクリエーションです。集団で過ごすことで生まれる勢い、楽しい雰囲気、お年寄りの皆さんの重なる笑顔。ここではお年寄りの日常生活だけでは引き出せない元気が輝きます。だからこそ、私たち介護職は集団でのレクにお年寄りが楽しく参加されることを大切にしています。

ただし、これが「全員同じ時間に、同じ場所で、同じことをしなければならない！」となると、その「集団レク」は、おしきせの「集団処遇」となってしまいます。参加する人も参加しない人もいていいのです。お年寄りは楽しいから、おもしろそうだから参加しているのです。参加しない人は、目の前のレク以上に気になることや楽しいことがあるのでしょう。まして、つまらないと思っている人を無理やりこのレクに参加させたら、これは無理強いとなりますので、十分気をつけましょう。

for

接し方の5step　レクの最中にウロウロする人への接し方

step 1

傾聴

トシさん、何か用事がありますか？

まずは話を聞く

step 2

受容

思い出すと、気になりますよね。
気になると、心配ですもんね。

＝

共感

心配になると、ソワソワしますね。それが何だかわからないと、嫌ですよね。

私の心を整える

step 3

繰り返す ほめる

トシさんは何か気になることがあって、それを何とかしようと思ってらっしゃるんですね。トシさんはいつも○○のことを心配されて、やさしいですね。

私を受け容れてもらう

step 4

質問

一人で大丈夫ですか？
私がお手伝いしてもいいですか？

心配を伝える

step 5

ケアへの声かけ

【安全が確保されたのを確認したら】
そうですよね、それは一人でやりたいですよね。どうぞ続けてください。私はここにいますから、何かあったらいつでも声をかけてくださいね。

お願いをする

すぐ外に出て行こうとする

ユキさんは「銀行に行く」「警察に行く」と言って、外に出て行こうとします。職員はその都度「もう！　何を言っているんですか！　こんな時間に出て行かないでください！」「警察に行ってどうするの！　話なんか聞いてもらえませんよ」などと言って引き留めますが、ユキさんは怒って聞いてくれません。こんなやりとりが毎日のように続き、職員はうんざりしています。

ここに気をつけて 今、ここで納得できないことがあるのに、周囲にわかってもらえない理不尽さに腹が立ってくる。その腹立ちが動機となって、ユキさんは主張し、動き始めようとしています。ユキさんの背景にある混乱を受け止めず、「それはダメ」と決めつけられるのは、ユキさんにとってはさらに不愉快なことです。

！ このようにかかわってみよう

➡ここではないどこかの向こうにあるものに応えられるか

認知症のある人は、中核症状（004頁図参照）により、周囲の人たちとの行き違いが生じやすくなります。例えば、物を片づけたことを忘れる。時間を間違える。一つの考えがうまくまとまらず、混乱する。選んだり、決めたりすることが不得意になり、いつも失敗しているような気分になる。そうすると、「あなたたちが正しくて、私が間違っているの？」「私がダメなの？」と、不安になり、腹立だしくもなるでしょう。

手足が不自由になった人を例に考えてみましょう。今まで歩けた人が歩けなくなったとします。これを受け容れるのは簡単なことではありません。なぜ歩けなくなったのか思い悩み、その理由や背景を調べ、自分の努力・周囲の援助などを振り返ってみたりします。それでも歩けないという現実を改めて目の当たりにすると、人は少しずつ「歩けないのも自分だ」と受け止めていきます。やがて「できないことは、他の人の手を借りよう」と自身の障害を受容し、「新しい自分の生活」をつくっていこうとします。

障害とは、自分の努力ではどうしようもない現実です。前述したように認知症の中核症状は障害です。その障害をもってなお、自分らしい生活をつくろうとするなら、その障害（＝中核症状）の理由を理解し、今までを振り返り、周囲からの援助を選択しなければなりませんが、認知症のある人はここが不得手なのです。

何で自分がこうなってしまったのかが、わからない。今までのことが思い出せない。周りの人が何をしてくれるのかが、わからない。このような状況で自分らしい新しい生活をつくるのは困難です。だからこそ、介護者は不安な気持ちや腹立たしさから起こる認知症のある人の行動に対しては、ていねいに対応しなければならないのです。認知症があるので、介護者とのかかわりを経験として積み上げていくことができるかどうかはわかりませんが、「今、このとき」の対応を続けていくことが、結果として、その人のよりよい生活になっていくはずです。

for

接し方の5step

すぐに外に出ていこうとする人への接し方

step 1 傾聴

ユキさん、お出かけですか？　失礼ですけど、どちらに行かれますか？　教えていただけますか？　なるほど、銀行ですか。

まずは話を聞く

step 2 受容

【本人の主張を聞く】
銀行は大切ですよね。お金は大事。
本当に私もそう思います。

＝

共感

お金がないと何もできませんもんね。

私の心を整える

step 3 繰り返すほめる

ユキさんのおっしゃる通り、本当のことはそこに行ってみないとわからないですよね。ユキさんはちゃんと筋が通ってる、そこがすごい。

私を受け容れてもらう

step 4 質問

銀行まで遠いけど大丈夫ですか？　私が一緒に行きましょうか？　留守だといけないので、先に電話をしておきましょうか？
【他の職員と連携して電話をかける】

心配を伝える

step 5 ケアへの声かけ

【銀行の係の人（職員）が電話に出る】
銀行の人が電話に出ていらっしゃいます。先にユキさんの言いたいことを伝えておきましょう。
【電話口の人にユキさんが何を話すかを隣で聞き、その内容に対応していく】

お願いをする

事例
31
夕方になると 家に帰ろう とする

グループホームで暮らすジュンコさんは、夕方になるといつも「お米を研(と)がないと」「子どもが泣いている」と言って、家に帰ろうとします。職員は「お米なんて研がなくていいよ」「子どもなんていないよ」と事実を伝えますが、ジュンコさんはわかってくれません。

実践編▼31

ここに気をつけて 長い間、その事柄にプレッシャーを受け続けていると、そのことが終わってからも、時々思い出して胸が苦しくなることはありませんか。例えば、社会人になっているのに、夢で「明日テストなのに何も準備していない！」と焦る。夜中に目が覚めて、テストなんかないんだとホッとして、「そうだ、もう学生時代は終ったんだ」と思ったりする。この感じを認知症のお年寄りと一緒に味わえたらいいですね。

このようにかかわってみよう

➡ここにいる「あなたと私」で新しい役割をつくる

お年寄りが最も輝いていた時代というのは、最も責任を強く感じていた時代ともいえます。その役割を継続すること、やり遂げることは、とてもやりがいがある反面、失敗したときの申し訳なさ、恥ずかしさ、くやしさは、その責任の重さに比例して重くのしかかってくるものだったでしょう。

そして、お年寄りはその責任を果たし、そこから解放された人です。大変だった役割の終了は、やりがい・生きがいの終了でもあり、解放感と共に、もれなく「淋しさ」が付いてきます。

あらゆる役割を終えて、気がつけば何もかもに人様のお世話が必要になっている自分。「ありがたい、と感謝の気持ちを示して過ごさないといけないなぁ」と思いつつ、何の役割もないことに「私はここにいてもいいのかしら」という不安な気持ちがわいてきます。

そんなとき、おいしそうな夕食の匂いや赤ちゃんの泣き声がどこからか聞こえてきました。「私は何にもしていないよ！　これはいけない！」と焦るのでしょう。この焦りをそのままにしておくと「私は本当に何もできなくなった」という実感につながり、つらくなります。

だから、「あなたはその役割をもう十分に果たされましたよ」「もしよかったら、新しい役割を今ここで、つくっていきませんか」というメッセージを伝えるのが介護職の仕事です。人生の責任を果たした人に、もう一度担っていただける新しい役割を、一緒につくり出してみてください。

「あなたが元気でいること、おいしくご飯を食べること、楽しく安心して暮らすこと、そのことを心から喜ぶ私たち（介護職・家族）がいます。あなたの役割は、心からの笑顔で過ごすことです」ということを伝えて、笑顔で過ごす日々を実現していきましょう。

for

接し方の5step

用事があると言って帰ろうとする人への接し方

step 1

傾聴

そうですかジュンコさん。それは大事なことです。ご飯が炊けないとみんな困ります。
お母さんがいないと子どもはかわいそうですね。

まずは話を聞く

step 2

受容

家族のご飯は、全部ジュンコさんがやっていたんですね。子どものことは、全部ジュンコさんにまかされていたんですね。

＝

共感

私がやらなきゃ、みんなが困る。私がいなきゃ、かわいそうって思うと、何だか焦りますよね。

私の心を整える

step 3

繰り返す ほめる

ジュンコさんは、家のことを全部一人でやってきたんですね。すごいなぁ。今は、そんなお母さんはなかなかいないですよ。

私を受け容れてもらう

step 4

質問

今までこんなに頑張ってきたから、そろそろお嫁さんにまかせてみましょうか。

心配を伝える

step 5

ケアへの声かけ

私もご飯を炊いたので、食べてもらえますか？
うちの子を少しみてもらうと助かるんですけど。

お願いをする

断りなく 他の人の部屋に入る

アキオさんは他の利用者の部屋のドアを開けて、のぞき込もうとします。中に入り込むこともあります。今日も田中さんの部屋に入ろうとしてしまい、田中さんから「のぞかないで！　入ってこないで！」と怒られてしまいました。その声を聞いて職員は飛んで行き、「アキオさん！　勝手に他の人の部屋に入っちゃだめよ！」と一緒になって怒りました。

ここに気をつけて　この職員は、アキオさんの不安に十分気づけていません。人は心の不安が身体の動きとして表れることがあります。例えば、ひとりごとや貧乏ゆすりなどです。アキオさんは、もしかしたら自分の不安な気持ちを歩くことやドアを開けることで落ち着かせているのかもしれません。その行動を制止する前に、アキオさんの不安は何かを考える視点をもって声をかけましょう。

このようにかかわってみよう

➡その人と他の人との関係づくりに手間をかける

他の人からすると「思わぬ行動」と見えるものにも、一人ひとり、その人ならではの行動の動機があります。その行動動機を理解し、「何でその行動をするんだろうか」という視点をもつことが、認知症ケアでは重要です。

「何でこの人、こんなことするんだろう。わからないなぁ。ああかな、こうかな」と考える。「どうしてあげたらいいんだろう」と戸惑いながら考え続け、失敗しながらでも、介護者がその人を思い、考えながらかかわりを続けていくことが認知症ケアです。

ですから、本人の思いをつかめていない状態のままで、認知症のある人の行動を制限することは、その人を追い込む行為となります。その人ならではの方法で不安を発散しているその行動を制限せず、できるだけ好きなように行動できる環境をつくることが、介護者のすることです。

しかし、認知症のお年寄りの行為は、社会や集団生活のなかでは、迷惑、不愉快、犯罪と受け取られてしまうことがあります。ですから、私たち介護者ができることは、周囲への謝罪や工夫、未然防止対策となります。ここを職場や家庭で話し合いながら支援していきましょう。

今回の場合は、アキオさんが田中さんの部屋に入るのは、自分の部屋がわかりにくいのか、田中さんの部屋に用事があるのかなどを私たちは考えていくことになります。加えて、間違えて入られる田中さんの気持ちを受け止めて、私たちの介護が未熟で、迷惑をかけていることを謝罪し、できれば田中さんが「お互いさま」という気持ちになってもらえるような声かけと工夫をしましょう。

断りなく自分の部屋に入られた人への接し方

step 1　傾聴

田中さん、ごめんなさい。アキオさんが、お部屋に入ってこられましたか。

（まずは話を聞く）

step 2　受容＝共感

突然、自分の部屋に入ってこられたら嫌ですよね。

ビックリしますよね。怖いですね。
「何よ！　この人！」って思っちゃいますよね。

（私の心を整える）

step 3　繰り返すほめる

これが初めてじゃないですもんね。そのたびに、（アキオさんを）田中さんが許してくれるから、私たち、助かります。

（私を受け容れてもらう）

step 4　質問

田中さん、私たち職員が、もっとシッカリしなさいって思っていませんか？

（心配を伝える）

step 5　ケアへの声かけ

アキオさんは不安になるとお部屋を探し出します。（アキオさんの）その気持ちに早く気づけない私たちが至らなくてごめんなさい。これから私たちも気をつけますので、今回は許してくださいね。

（お願いをする）

注：この事例は、アキオさんにではなく、部屋に入られた人への声かけです。

事例 33

同じことを何度も聞いてくる

特養で暮らすイクヨさんは毎日、「明日、息子は来る？」と職員に聞きます。最初の頃は「どうかしら？」「来るといいですね」などと答えていましたが、あまりに何度も聞くので、職員は「明日は平日だから息子さんは仕事。来るわけないでしょ！」と冷たくあしらってしまいました。

実践編▼33

ここに気をつけて 毎日聞いてくるということは、イクヨさんは、明日息子が来るのか来ないのかという事実確認を職員にしているのではありません。息子とは、「最も信頼し、愛している心の支え」を指しています。「私の信頼、愛情、心の支えは明日もあるのかい？」と身近な介護者に聞いているのです。イクヨさんには、今だって大切なものは何も失っていないということを、明るく伝えましょう。

このようにかかわってみよう

➡一番大切なものはここにあると、介護者が示す

認知症のある人が、毎日のように介護者に同じことを聞いてくることがあります。私は経験から、何度も聞いてくることは、その人の心の中に深くあることだととらえています。

今回の「息子」というのは、「母親」にとっては、命をかけて育み、守り、愛した存在です。実際の息子さんは社会人として働いており、時々面会に来て、会えばやさしく話をして、帰りは手を振って「元気でね。また来るね」と言ってくれます。実際に面会に来てくれる大人になった息子さんは、「母親」にとってはとても大切な存在です。それは事実です。

一方、毎日聞いてくる「息子」とは、「私が心を込めたこと、愛したこと、大切に育てたこと」そのものを指しているのです。介護者が応えなくてはならないのは、「目には見えないけれど、あなたが心を込めたもの、あなたの人生は間違いなくここにある」ということを伝えることです。

私はこの問いを認知症のお年寄りからいただくと、こんなふうにお伝えします。「来るよ、来るよ、息子さんはお母さんが育てた息子だもん。お母さんのことは忘れないよ。ずーっとお母さんのことを思っていますよ」「本当？　本当かしら」「そうですよ。この間、面会の後息子さんは私たちに、母をよろしくお願いしますって3回も深々と頭を下げていかれましたよ」「本当？　本当に息子があいさつした？」「しましたよ。立派なごあいさつで、私たちも感心しました」「それは、よかった！」。この会話を私は毎日していました。そうするとその方は、いつも安心して笑っていらっしゃいました。

心の奥にあるその問いとは、「私はここにいてもいいの？　あなたの側にいてもいいの？」という、自分の存在や居場所を確認する行為でもあるのです。

接し方の5step 息子が来るか何度も聞いてくる人への接し方

step 1

傾聴 イクヨさん、明日、息子さん来てくれますよ。

まずは話を聞く

step 2

受容 息子さん（本当の名前を言ったほうがよい）はイクヨさんのことをいつも心配してくれているから、イクヨさんに会いに来てくれるんですね。

＝

共感 息子さんが来てくれると嬉しいですね。心強いですよね。ホントにいい息子さんですね。

私の心を整える

step 3

繰り返す ほめる イクヨさんがていねいに育てたから、息子さんもイクヨさんのこと思ってくれているんですね。お母さん思いのいい息子さんで、よかったですね。

私を受け容れてもらう

step 4

質問 イクヨさんが、きれいで、しっかり元気でいないと、息子さんは心配されますよ？
私は、それが気がかりです。

心配を伝える

step 5

ケアへの声かけ さあ、明日来る息子さんのためにも、お風呂に入ってきれいにしておきましょう。しっかりご飯を食べて元気でいましょう。

お願いをする

現実にはない物が「見える」「聞こえる」と訴える

ユウジさんは、「あそこに蛇がぶら下がっている」「自分のベッドの上で子どもが泣いている」などと支離滅裂なことを訴えてきます。「気持ち悪いからやめてよ」「嘘ばっかり言わないで。子どもなんていません」と事実を伝えますが、「ああ、怖いよ。嫌だなあ」と、何度も同じことを訴えてきます。

ここに気をつけて 周辺症状（004頁図参照）の一つに、幻視・幻聴という症状があります。ユウジさんは見た物・聞こえたことを介護者に伝えてくれました。ユウジさん自身もこの幻視をどう受け止めていいのか戸惑っています。まずは否定しないで、ユウジさんがその幻視をどう思っているかを聞いてみて、その気持ちに応えましょう。

! このようにかかわってみよう

➡何が見えても、聞こえても、私がいるから大丈夫

介護者は幻視・幻聴を体験したことがないので、幻視・幻聴を正

確に理解することは、難しいことです。しかし、今まさにそれを体験している人を否定するような「無理解」な行動をとることは、悪い介護です。

介護者は幻視・幻聴をあってはならないこととして治す立場で接するのではなく、その幻視・幻聴が本人を苦しめているかどうかを見極めることが求められます。

その幻視・幻聴が本人にとって怖いとか不愉快という嫌な感じのものであるなら、「私が何とかしましょう」「私がまずはその正体を明らかにします」という態度をとります。「嫌な感じの状況にあなた一人で立ち向かうのではなく、私がいますよ」ということを伝えます。一方、その幻視・幻聴を楽しく・嬉しいものと本人が感じているのなら、あなたも一緒に楽しみましょう。

本人がこの幻視・幻聴をどうとらえてよいのかわからず、戸惑うことがあります。私は、本人が「自分でもよくわからない」といった様子であれば、「それは何色ですか？」「何人ですか？」「悲しそうですか？」「嬉しそうですか？」などと、その人に見えていることや聞こえていることをおだやかに尋ねながら一緒に確認していきます。怖がっていない表情なら、「それを絵に描いてみましょう」と紙とエンピツを準備します。イラストは白黒の物もあれば、色がついている物もあります。その絵が変化していくのを見るのも興味深いものです。

そして、本人の不安が強いときは、「蛇を見るなんてお金持ちになれるかもしれませんね」「子どもの産声なんて、ありがたいですね」と、不吉なことではなく、よいこととしてとらえられるような声かけをし、「何だか、儲けた気分ね」という感覚に置き換えるようにしましょう。

ないものが見える、聞こえるという人への接し方

step 1　傾聴

・蛇が見えるんですね。
・子どもさんが泣いているんですね。

まずは話を聞く

step 2　受容

・大きい蛇が何匹も下がっているんですね。
・小さい赤ちゃんが一生懸命泣いているんですね。

共感

・そんなに蛇がいたら怖いですね。
・赤ちゃんの泣き声聞いたら、何だか切なくて、胸が締め付けられますね。

私の心を整える

step 3　繰り返す ほめる

・蛇がいることを
・赤ちゃんが泣いていることを
しっかり私に教えてくれて、ありがとうございます。

私を受け容れてもらう

step 4　質問

・私が蛇を追い払いましょうか？
・私が赤ちゃんの様子を見てきましょうか？

心配を伝える

step 5　ケアへの声かけ

・この棒を使って払いのけてみました。
・赤ちゃんはお腹が空いていたみたいで、お腹がいっぱいになったら眠ったようでした。
また何か見えたら／聞こえたら教えてくださいね。

お願いをする

注：上が蛇が見える例、下が赤ちゃんが泣いている例を示しています。

事例35 ナースコールで何度も呼びつける

ユウゾウさんは夜になるとナースコールを押して、何度も「オシッコに行きたい」と呼びつけ、トイレに連れて行ってもらいます。5回目にもなると、職員は「はいはい、またオシッコ？さっきも行ったでしょう」と言ってしまいます。するとユウゾウさんは「オシッコなんて出ないよ！」と言うので、職員は「じゃあ何なの!?　もう呼ばないで！」と言い放ちました。

ここに気をつけて ユウゾウさんは、用事のないナースコールで職員を呼び寄せました。それは、職員にそばにいてほしかったからです。その気持ちをちゃんと受け止めたいですね。忙しい現場で用事もないのに呼びつけられたら、イラっとしてしまいますが、そんな自分に声をかけるつもりで、ユウゾウさんに言葉をかけてみましょう。

！このようにかかわってみよう

➡用事のないコールは、私を呼ぶ純粋コール

私が夜勤をしていた頃に、何度もトイレで呼び出されたことがあ

りました。何度も「トイレ！」と呼ばれるので、「何で私にばかりトイレって言うんですか？」と尋ねると、「トイレじゃないと、あなた来ないでしょ」と言われ、はっとしたことがありました。

また、何度もコールがあり、その都度対応していたときのことです。何回目かのコールで呼び出されて、その人の顔を見るなり私は「ご用は何ですか？」と聞くと、そのお年寄りは「用事なんかないのよ。ごめんなさい」と泣き出したことがありました。

そう、用事なんかないのです。「誰かにそばにいてほしかった」、そんなお年寄りの気持ちに、私は気づけませんでした。用事のないナースコールは、「あなたにそばにいてほしい」という、とても大切なナースコールなのです。

歳をとり、身体が不自由になり、物事がだんだん不明確になっていく。自分の命が衰えていくどうしようもない淋しさを私たちが理解することは難しいし、その思いを背負うこともできません。

それでもナースコールは鳴ります。私が働いていた施設では、ナースコールを繰り返す利用者の居室の前に小さな机を置いて、そこで記録をとるなどの業務をしていました。そして呼ばれたらすぐに行く、呼ばれる前に行く、ということを夜勤のたびにやっていました。あまりに早く部屋に職員が来るので、嬉しいような、驚いたような、そんな利用者の顔を見るのをみんなで楽しんでいました。

例えば、夜勤の申し送りで、「昨夜は15回でした」（オー！ と他の職員が反応）。「3回目からは、ダッシュで部屋に行きました」「10回目からは、部屋の前で記録してました」「15回目は、お年寄りと一緒に大笑いしました」（イェーイ！）というような前向きな他の職員の反応を聞いた日勤の職員は「よし！　今日も1日、頑張ります！」と言っていました。

いつでも私たちはあなたのそばにいるということが、言葉を越えて利用者に伝わると、ナースコールは静かになりました。

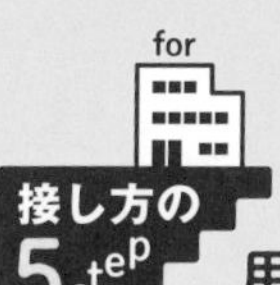

接し方の5step

用事がないのに何度も呼びつける人への接し方

step 1　傾聴

ユウゾウさん、どうされましたか？
お手伝いできることはありますか？

まずは話を聞く

step 2　受容＝共感

受容：何だか、目が覚めちゃいましたね。一人かなぁとか思っちゃいますよね。

共感：今日は天気がよかったですね。今夜は寒い（暑い）ですね。このお部屋、暗い（広い）ですね。

私の心を整える

step 3　繰り返す ほめる

ユウゾウさん、私を呼んでくれてありがとうございます。なのに、私、何もわからなくて、ごめんなさい。

私を受け容れてもらう

step 4　質問

もう少しここにいてもいいですか？
また、いつでもユウゾウさんのところに来ていいですか？

心配を伝える

step 5　ケアへの声かけ

私はユウゾウさんと一緒にいるのに、ユウゾウさんの本当の気持ちがわからないままで、申し訳ないです。だんだんわかるようになりますから、これからも、私を呼んでくださいね。

お願いをする

事例36 話しかけても返事をせず自分の世界に入っている

エツロウさんは1点を見つめながら、机の同じところを何度も何度も拭いています。職員は何とかその世界に入ろうと「何を拭いているんですか」「そろそろ食事ですよ」と声をかけましたが、反応がありません。ある職員が「食事ですから、やめてください」と言って布巾を取りあげようとしたところ、エツロウさんは怒って殴りかかってきました。

ここに気をつけて 認知症のある人は心の深くにある言葉にならない不安を、同じ行動を繰り返すことで表現したり、そうすることで落ち着こうとしていることもあります。

会話ができなくなったエツロウさんの心の奥は、誰にもわかりませんが、エツロウさんは机の同じところを何度も拭くことで、心を安定させようとしているのです。その表情がおだやかならば、そのまま続けてもらいましょう。

このようにかかわってみよう

➡その人の世界に入れてもらえる介護職になろう

認知症が深くなった人が、同じ行動を繰り返すことがあります。エツロウさんのように、同じところをずっと拭き続ける。同じところをずっと歩き回る。同じ座布団をずっと叩き続ける。いろいろありますが、共通しているのは、「同じことをし続ける」ということです。

なぜ、そういう行動をとるのか、認知症の深まりとどのような関係があるのか私はよくわかりませんが、介護者にとって大事なのは、そのときの本人の表情です。

つらそうで苦しそうな表情をしているなら、まずは体調（便秘・脱水・痛みなど）を気づかいましょう。また、うるさくてイライラしているとか、自分の思い通りにならないとか、何か嫌なことを思い出して、そのような行動をとっているようなら、その不満に対応していきます。

本人が楽しそうで、嬉しそうにしていて、集中しておだやかに同じことを続けているのであれば、そのまま見守るのが原則です。しかし、周囲の人たちがその行動をおかしいと思ったり、不愉快に感じたりするようなら、介護者は周囲の人に対応します。その行動が迷惑になっているようなら、場所を変えるとか、「この人はこれが好きなので、そこを受け容れてもらえませんか」とお願いするなどのフォローが必要となります。

その人が続ける同じ行動を毎日見ていると、多くの場合はリズムやタイミングがあることがわかってきます。そのリズムやタイミングがつかめるようになると、声かけや食事・排泄・入浴などの次の行動がスムーズになります。これは、毎日一緒にいる人が、心を込めて何回かチャレンジし、失敗しながらつかんでいくもので、これができれば介護上級者です。

for

接し方の5step

自分の世界に入っている人の周りにいる人への接し方

step 1 傾聴

皆さん大丈夫ですか？

まずは話を聞く

step 2 受容

みんなと一緒に食べたほうがおいしいだろうけど、一生懸命なんだねえ。

＝

共感

みんなが食べてるのに違うことしてる人がいたら気になるね。お腹空くんじゃないかって心配しますよね。

私の心を整える

step 3 繰り返すほめる

エツロウさんがこうやって、一生懸命、好きなようにおそうじできるのは、皆さんのおかげです。ありがとうございます。

私を受け容れてもらう

step 4 質問

エツロウさんがずっと同じことしてたら、気になりますか？　何か、困ったことあったら言ってくださいね。

心配を伝える

step 5 ケアへの声かけ

いろんな人がいるからお互いさまだけれど、嫌なことがあったら我慢しないでくださいね。我慢ばっかりしてたら疲れますから。

お願いをする

注：この事例は、周りの人たちへの声かけです。エツロウさんがおだやかに拭いているのなら、「頑張ってますね。いつもありがとう」という声かけで十分です。

いきなり人を叩く

テツオさんは普段は静かですが、突然興奮して職員に殴りかかることがあります。ある職員はシーツ交換をしていたら、突然殴られ、メガネが壊れてしまいました。職員は思わずカッとなって「何すんの！　いい加減にしてよ！」と怒鳴りました。

ここに気をつけて 相手の暴力が激しく、あなたが心から「怖い」と思ったら、すぐに逃げてください。あなたが「怖いけれど、この方にも叩きたい理由があるんだろうな」と思えるのなら、テツオさんへの腹立たしい気持ちを整えて、自分らしい介護を続けるために、自分が元気になる言葉をテツオさんと自分自身にもかけてください。「怖い」がより強い恐怖や嫌悪になったら、介護は続けられません。逃げることも、大きい声で誰かに助けを求めるのも、介護を続けていく自分を守るために大切なことです。

このようにかかわってみよう

➡どんな暴力も決して一人でかかえ込まない

「認知症のお年寄りであっても暴力はダメだ」という共通認識は、職場でも家庭でもしっかりもっておきましょう。

新人や家族などは、恐怖で身がすくんで動けなくなり、暴力を受け続けることがあります。まれに、「叩かれる私が悪いんだ」と思ってしまう人もいます。しかしどんな状況でも、「暴力を振るう人が悪い」という常識を共有してください。暴力を受けて傷ついている介護者を守るには、一緒に考えてくれる仲間が必要です。仲間がいるからこそ、共に暴力を振るう人の介護を考えることができます。

「なぜ、この人は暴力を振るうのか」「暴力を通じて私たちに伝えたいことは何なのか」「暴力に集中していくエネルギーを他のことに転換できないか」、こんなことを考えるのは、暴力を受けて怖さやみじめさで押しつぶされている人にできるはずがありません。しかし、この「考える」がなければ、介護は続けられません。

暴力は人を傷つけ、人間関係を分断し、いつまでも心に傷を残します。その傷から目をそむけ、無視して、なかったことにしたくなるということがあります。しかし、「それぐらい仕方ない」「適当にかわしなさい」「相手にしないように」という助言は、暴力を受けた人の心をさらに傷つけることになります。

怖かったら逃げる、腹が立ったら文句を言う、悲しかったら泣いてみる。これらの対応に共通するのは、「その人を無視していない」ということです。湧いてくる感情を言葉にして、本人、自分、仲間に伝え、対応を考えていきます。

壊れたメガネは、施設の管理者に相談して、施設側から補償してもらいましょう。ただ、家族に請求するのは、入居時の重要事項説明書などに明記されていて、先に説明済で、納得していただいていないと難しいでしょう。

for for

接し方の5step 暴力を受けた際の声かけと、自分自身の心の整え方

step 1 傾聴

テツオさん、どうされたんですか？　私が何か悪いことをしましたか？
【テツオさんに声をかけながら、自分自身に対しても声をかけるつもりで】

まずは話を聞く

step 2 受容＝共感

メガネが壊れちゃったじゃないですか。悲しいなあ。どうしちゃったんですか、テツオさん。

もう、私ビックリしちゃいましたよ。叩かれて、くやしいですよ。何だか、腹立ってきますよ。

私の心を整える

step 3 繰り返す ほめる

テツオさんは、私を叩きました。メガネも壊れました。テツオさんは、他人を叩く人じゃないと思っていたから、くやしいなぁ。

私が受け容れる

step 4 質問

テツオさんみたいな立派な人が、他人を叩いていいんですか。あー、私は悲しい！　泣けてくる！本当にやめてほしいです！

悲しみを伝える

step 5 ケアへの声かけ

私はテツオさんのことが大好きなのに、何とかテツオさんの役に立ちたいと思っていたのに、テツオさんから叩かれるなんて、もう、私はダメです。家に帰らせていただきます。

気持ちを吐き出す

突然大声で怒鳴り出す

カズオさんは突然怒り出し、職員を大声で怒鳴り散らします。日ごろから、介護者が食べ終わった食器をさげようと思い「さげますね」と声をかけると、「まだ食べてるだろうが！」と怒鳴ったり、お風呂で「そろそろ上がりましょうか」と聞くと、「まだ入っているだろうが！」と怒り出します。予測ができず突然怒り出すので、介護者は「自分の対応の何が悪いのだろうか」と、困り果ててしまいました。

ここに気をつけて カズオさんにはカズオさんのペースや順序があります。しばらく一緒に過ごしたり暮らしたりしていると、人それぞれ自分のタイミングがあるということがわかってきます。特に認知症のお年寄りは、私たちとは異なる手順を大事にしていることもあるので、さりげなく見守り、その人のタイミングを読み取っていきましょう。

また、認知症の症状の一つに、本人はそんなに悲しくないのに泣き出したり、おもしろくもないのに大声で笑い続ける「感情失禁」があります。同じく、怒りの感情失禁や、脳損傷によって易怒性（いどせい）（すぐ怒るという症状）をもつ人もいます。病歴や生活歴を確認しておくと、怒りっぽくなっている理由がわかるので落ち着いて介護ができることがあります

このようにかかわってみよう

➡みんなとチームを組んで、苦手な人こそ挑戦しよう！

認知症のある人には、すぐに笑う人、すぐに泣く人、すぐに怒る人など、いろいろなタイプの人がいます。すぐ笑う人が、本当に嬉しくて笑っているのかどうかはわかりません。長い人生の修練で、「笑顔でいることが、この場所・この時をやり過ごす最も確実な態度だ」としみこんでいるのかもしれません。

笑顔はかかわる人の心を切なくさせたり不快にすることは少ないので、私たちは笑っている人を見て、「何でここで笑うの？　嫌だなぁ、こっちがつらくなるよ！」とは思いません。

ところが、同じ感情の表出でも、泣いたり、特に怒るとなると、「何でここで泣く／怒るの？　嫌だなぁ、こっちがつらくなるよ」「ここで泣かれても（怒られても）困るのよね」と、自分の心がザワついたり、グサッときたりします。相手の悲しみや怒りは他者にとって決して心地よいものではないからです。ところが、その相手の悲しみや怒りが自分の想像を超えたり、まったく意味がわからないと、かかわりようがないので腹立たしくなったり、拒絶したくなります。

親子や夫婦などの家族同士で、「あなたの悲しみや怒りは、私の手に負えないから、私は知らないよ」という態度がとれるのは、お互いに甘えられる身内の関係性があるからです。

しかし、介護職は、自身の怒りさえ自分ではどうにもできなくなって苦しんでいる認知症のある人に対して、「あなたのことはわからないから、私はあなたにかかわりません」という態度をとるこ

とはできません。ですから、介護者側が理解できない悲しみや怒りを本人が表現したときは、適度な距離をとりましょう。

その表現を直接受けた者だからこそわきあがってくる感情を、介護を仕事とする者同士で共有します。その職場の上司(管理者)は、その感情を共有できる仕組みをつくります。

例えば、

①認知症を学ぶための研修会を企画・開催する

②定期・不定期に職員面談を年間計画・実施する

③そのケースを中心に事実の確認と感情が共有できて、これからの介護が考えられる会議を開催する

④仲間と介護の実践経過を申し送りで確認していく

などが、代表的な仕組みの内容です。

ときに理不尽とも思えるような認知症のお年寄りの怒りの行動を受ける職員の感情を、組織・チーム・働く仲間がしっかりと受け止める仕組みがない現場は、虐待に至る可能性があります。

介護職と認知症のお年寄り（利用者）を守るために、この仕組みは必ずつくりましょう。そして、あまりにお年寄りの怒りの行動が強く介護職を苦しめる場合は、介護職の最も身近な理解者である、そのお年寄りの家族に率直に話してみましょう。これは介護のネットワークを築く際の要であるケアマネジャーの仕事です。

「家族は理解してくれている」ということが介護職に伝わるだけでも、介護職は前に進むことができます。かかわりの機会を見失わないようにしましょう。

接し方の5step　突然怒り出す人への接し方

step 1　傾聴

【そのときの行動を見ながら】
いかがですか？　カズオさん。

まずは話を聞く

step 2　受容＝共感

ごめんごめん、悪いね、声をかけちゃってごめんなさい。カズオさんのいいときに、いつでも声をかけてくださいね。

私たちがおせっかいで、すぐいろいろ言っちゃうから、やかましいでしょう。

私の心を整える

step 3　繰り返す　ほめる

いつもタイミングが悪くてごめんなさい。私、気がきかないから申し訳ないです。カズオさんは、真実一路の人だから、いつも真っ直ぐですごいですね。

私を受け容れてもらう

step 4　質問

①面倒だけど、②お手数かけますが、
③こんなこと言って申し訳ありませんが、
○○が終わったらお声がけくださいますか？
よろしくお願いします。

心配を伝える

step 5　ケアへの声かけ

本当は私たちが先に気がつかなきゃいけないんだけど、気がつかないもんだから、ごめんなさい。許してくださいね。

お願いをする

自室で性的な行動をとる

タケシさんは時々、自室のベッドでマスターベーションをします。新人の介護職が訪室して目撃してしまい、驚いて「キャー！　何しているんですか！　やめてください！」と、タケシさんに向かって叫び、取り乱してしまいました。

ここに気をつけて 目の前の性的行為に嫌悪感をもつ人は、決して我慢することなく、身近な信頼できる人や上司に相談しましょう。あまりにその職員の心がつらいようなら、配置転換してもよいでしょう。

ただし、人間は老若男女誰しもマスターベーションをする生き物だ、ということは常識として知っておいてください。タケシさんは時間と場所がわかりにくくなっている状態で、人が見ていないと思ってその行為をしているのですから、あまり大騒ぎすると気まずくなってしまいます。

このようにかかわってみよう

➡お年寄りは大丈夫。ドキドキしている人を支える

人は誰でも性的行為を行うものですが、たいていは一人か、またはごく親しい気持ちの通った人と心を重ねるために行います。ですから、特別な例を除いては、自分の性的行為は他人から見られたくないと思うのが通常です。その性的行為を他人に見られたというのですから、もちろん悪意はなかったとしても、見てしまった私たちがまずは「ごめんなさい」と謝ります。

お年寄りは大人なので、マスターベーションを人から見られても「ちょっと失敗したな」とか「恥ずかしいな」くらいにしか思わないかもしれません。ですから、見てしまった私たちのほうが大騒ぎしないようにしましょう。

性的な経験の少ない若い人が見る他人のマスターベーション、または「お年寄りや利用者はこうあるべき」と思っている人の想像を超えた行為、自分の親や義理の親の性的行為と同様に、お年寄りの性的行為は自分とその人との関係性や、自身の成熟度に大きく影響されるテーマです。関係性によっては、見てしまった人のほうが傷ついたり、強い不快感をもつことがあります。

自分が介護をしている人が、性的行為をしている事実。それを見てしまった人の過剰反応や心の負担にも注目しましょう。その人はこれからもそのお年寄りの介護を続けていくのですから、今回のことが不愉快で嫌悪しか残らない経験にならないように、ケアをする人をケアする先輩・上司・指導者の存在が、これからの介護を充実させることにつながります。

接し方の5step 性的な行為をする人への接し方

step 1 謝罪

失礼しました。ごめんなさい。

まずは謝る

step 2 退室

【危険な状況ではないかを確認し、居室を出る】

私の心を整える

step 3 再訪問

【頃合いを見計らって、いつも通りの声かけにて訪室して、いつも通りのケアを行う】
タケシさん、よろしいですか？

私を受け容れてもらう

step 4 話題出ない

【タケシさんから話題にしない限り、こちらからマスターベーションの件には触れないようにする】

いつもと同じ対応

step 5 話題出る

タケシさんのほうから、「この間はごめんね」とか「見たでしょ」など話題に出してきたら、「こっちのほうこそごめんなさい」と軽くあいさつをする。

区切をつける

意思表示できない異性のベッドにもぐり込む

クニオさんが、重度認知症のタミコさんのベッドに入り込んで、胸を揉むなどの性的な行動をしていました。それを見つけた職員は、「そんなことはしてはいけません！　ご家族に言います！」と叱りました。

ここに気をつけて　好意をもっている者同士の心の交流に、性的快感があることはとても大切です。または、精神性はともかく、ストレートに身体的快感を互いに求めているのかもしれません。そこはわかりませんので、むやみな介入はできません。

ただし、これが性的ハラスメントであれば、両者を離し、ハラスメントを受けている利用者を守らなければなりません。ですから、介護者側が感情的に高ぶっている場合ではありません。まずは、落ち着いて、自分の気持ちを表現しにくいタミコさんの状況を見てください。

このようにかかわってみよう

➡二人がハッピーなら、見て見ぬふりを

認知症の有無にかかわらず、人は人を好きになるし、好きな人との性的行為は若者から高齢者に至るまで、幸せなことです。

利用者は大人だからこそ、成人同士の付き合いを大切にします。第三者である私たちは、安全を確認しながら、見て見ぬふりをするという態度が原則です。くれぐれも二人の関係に土足で入り込むような行為は、つつしまなければなりません。

ただし、①性的行為を受けて、恐怖・不快・精神的苦痛・痛みをともなっている場合、②とても不潔な状態で、明らかに健康被害が出る状況、③身体・精神・知的な活動の障害、または、視聴覚や言語の障害によって本人から「私は嫌だ」という発信ができない場合は、介護者である私たちが介入しなければなりません。

それがハラスメントであるかどうかを、性的行為を受けている本人からの明らかな発信がないなかで判断するのは、とても難しい問題です。ですから、本人から表情・発言などの意思表示ができない身体的状態にある場合は、その性的行為の中断を提案することになります。「嫌なことを嫌と言えない不自由のある女性のおっぱいを触るのは、人の弱みにつけ込んだいやしいことにもなりかねません。私は、クニオさんにそういうことはしてほしくないと思っています。クニオさんは、どう思いますか？」と、率直に話し合ってみてください。

日ごろは利用者の生活状況を家族に報告しますが、自分の親の性的な話題は、子どもたちにとっては不愉快になりやすいテーマです。私は今まで、実の母親の性的行為を「そりゃあ、大人ですからあるでしょう」とすんなり受け容れた家族に会ったことはありません。性的行為の報告を家族にしなければならない場合は、家族の誰に話すのかを慎重に検討してください。

for

接し方の5step

他の利用者へ性的な行為をする人への接し方

step 1

傾聴

あら、ごめんなさい。クニオさん、いらっしゃったんですね。

まずは話を聞く

step 2

受容

タミコさんいかがですか、お変わりありませんか？
【表情や居室全体の状況を見る】

＝

共感

【タミコさんが嫌がったり、痛がったりしていないか。あまりに不潔で危険な状態ではないか、などを観察する】

私の心を整える

step 3

繰り返す ほめる

せっかく、二人でお話ししてたのに、すみませんね。
お二人は本当に仲良しですもんね。
【タミコさんの気持ちを確認する必要がある場合は近づいて様子をうかがう】

私を受け容れてもらう

step 4

質問

タミコさん、大丈夫？　苦しいところ、痛いところはありませんか？　私は、このまま戻ってもよいですか？

心配を伝える

step 5

ケアへの声かけ

【タミコさんが大丈夫なことが確認できたら】
それでは、お邪魔しました。また、来ますので、いつでも呼んでくださいね。

お願いをする

職員を家族だと思い込む

ケイコさんはよく、夜中に「しょーちゃん」と長男の名前を呼んでいます。夜勤の職員に対しても「しょーちゃん、来てくれたんだね。ありがとうね」と話しかけてきたので、職員は「私はしょーちゃんではありません。夜勤の山口です。何かあったら遠慮なくお呼びください」とピシャリと言いました。

ここに気をつけて ケイコさんの見当識の世界では、今日の夜勤者が「しょーちゃん」です。なのに、介護者側の見当識の世界で判断して、「私はしょーちゃんではない」と言うのは、こちらの世界の事実を突きつけているだけです。ケイコさんにとっては、拒絶されたと感じたことでしょう。こちらの見当識を押しつけるのではなく、相手の見当識に共感をもって、その世界を大切にした対応をしましょう。

このようにかかわってみよう

➡お年寄りの見当識の世界に、ワクワクしながら行ってみる

介護者の中には、「私は相手が認知症の人だからといって、嘘はつきたくありません。本当のことを言って、ちゃんとわかってもらいます」と言う人がいます。

どうでしょうか。確かに自分の都合のいいように相手をだますのは、悪意ある行為です。まして、認知症のある人に対して、職員がだますようなことをするのは許されることではありません。

かといって、「私の見当識の世界だけが正しいので、あなたの間違った見当識を私が正してあげましょう」となると、これは自分の正義を一方的に押しつける威圧的な行為になります。

認知症のある人は、思いを自分の見当識で話してくれます。今回でいえば、「しょーちゃん」は息子です。母親にとっては、命、生きがい、人生のすべて、自分の力で育てた安心と信頼などの象徴です。ここに私たちの想像力をかたむけて、ケイコさんの見当識に応えてみましょう。命がしゃべったら、生きがいが返事をしたら、ケイコさんは嬉しいはずです。「人生のすべて」にケイコさんは何を言ってもらいたいのか、「安心と信頼」にはどうしてもらいたいのか。ケイコさんの表情を思い浮かべてワクワクしながら考えてみましょう。この世での大切なものが失われていくような不安のなかで、ケイコさんは「私はここにいますよ」と真っ暗な闇の中で大声を出したのです。

現実のしょーちゃん（成人した長男）は言わないかもしれませんが、「しょーちゃんがこれをケイコさんに言ってくれたら、私も嬉しいなぁ」という言葉を、しょーちゃんになりきって言ってみましょう。

人物を誤認する人への接し方

step 1　傾聴

はい、お母さん、しょーちゃん来ましたよ。今夜もよろしくお願いします。

まずは話を聞く

step 2　受容

お母さんは、しょーちゃんのこと一生懸命育ててくれて、ありがとうね。しょーちゃん本当に感謝してるよ。

＝

共感

お母さんの子どもで、しょーちゃんはよかったよ。お母さんが僕のこと忘れてないから、嬉しいよ。

私の心を整える

step 3　繰り返す ほめる

お母さんは、ご飯つくってくれたね。いつも待っていてくれたね。忙しいのに、僕をちゃんと育ててくれたね。ありがとう。

私を受け容れてもらう

step 4　質問

お母さん、寒くない？　お腹空いてない？　お母さんのことが心配なんだよ。お母さん、元気でいてよ。

心配を伝える

step 5　ケアへの声かけ

しょーちゃんは、お母さんのそばにいるから、大丈夫。だからお母さんも、ずっとしょーちゃんと仲良くしてね。

お願いをする

息子の妻を浮気相手だと思い込む

ウメさんは、同居の息子の妻を自分の夫の浮気相手だと思い込んで「あんた、お風呂でうちのお父さんと裸で何をしてたのよ！」となじりました。「何を言っているんですか！　お義父さんが一人でお風呂に入れないから入れてあげているんでしょう！　だったらお義母さんが自分でやってください！」と怒鳴り返しました。

ここに気をつけて 他人だった嫁と姑が積み上げていく人間関係の難しさは、人の世の常でしょう。それでも昔は、義母が老いて全権が嫁に渡ったところで、その確執の物語は終わりました。

ところが今は、「私のほうが上だ」という見当識をもった認知症の義母の介護を嫁が担うといった新しい問題が勃発する時代になりました。この場合、決して息子の妻を批判・注意・指導してはなりません。一緒に暮らしているというだけで、すごいことなのですから。こんなに頑張っている息子の妻が最期に後悔が残ることになってはいけません。

このようにかかわってみよう

➡あなたは十分やさしい。私たちは知っている

認知症の親と暮らしている息子の妻を決して責めてはいけません。結婚して以来の義母との行き違いや腹立たしさを、夫・子どもの存在で我慢して乗り越えてきました。いつまでも気づかない夫、離れていく子どもに「期待していた自分が甘かった」と気持ちを切り換えて、「これ以上の妻・嫁・母はもう無理かなぁ」と思った頃に、「ばあちゃんも歳をとった」という現実がやってきます。

「弱い老人になってしまったからには仕方ない。今までのすべてを水に流し、すべてを受け容れよう」。そう割り切って、介護を引き受け、嫁姑という難しい人間関係をやっと越えたと思ったところに、今までの経緯（いきさつ）を無視するかのような発言を繰り返す認知症の義母。思いやりや体裁で積み重ねたお互いの関係をおかまいなしに突き崩してくるのが認知症です。「これは病気が言わせてるんだから、ばあちゃんが言ってるんじゃないんだから」と割り切ろうとするけど無理。姿形や言葉遣いは、ばあちゃんですから。

この状況で「もっとお義母さんにやさしくしてあげて」とは、誰も言えないのです。介護を引き受けているだけで十分やさしいのですから。しかし、このまま認知症のある人から感情のままに言葉をぶつけられると、介護者のほうがしんどくなってしまいます。

そこで、お義母さんの介護が終わった後、息子の妻が後悔しないために伝えたいことがあります。ばあちゃんが昔、得意だったこと、今できること、人から感謝されるようなことを思い出して、考えて、一緒にやってみてください。「お義母さん、教えて？」「ありがとう、助かります」と言って、昔のようにお義母さんに接してみてください。きっとうまくできます。なぜなら、あなたは過去にやってきて、見事にやり遂げた人だからです。そして、お義母さんの介護を見届けたとき、あなたに後悔は残りません。

for

接し方の5step

夫の浮気相手だと疑われた介護者（息子の妻）への接し方

step 1 傾聴

一生懸命、介護しているのにウメさんから、そんなふうに疑われたら嫌になりますね。

まずは話を聞く

step 2 受容＝共感

特に浮気なんて言われると、一つ屋根の下で暮らしているのに情けなくなってきますよねぇ。

私、何やってんだろう。何のために介護してるんだろう。いつまでこんなこと続くんだろうって、悲しくなりますよねぇ。

私の心を整える

step 3 繰り返す ほめる

本当に、ウメさんが心配だからやってきたんですよね。偉いですよ。これ以上、やさしくなれなんて誰も言えないですよ。

私を受け容れてもらう

step 4 質問

私が心配なのは怒鳴った後、しんどいのはあなたのほうじゃない？　一生懸命介護している人が、介護を続けて後悔しか残らなかった。そんな介護にならないといいなぁって思っているんです。

心配を伝える

step 5 ケアへの声かけ

とにかくあなたが心や身体を壊すことが私は一番嫌なんです。これからも何でも話してください。

お願いをする

注：この事例は、介護職から息子の妻への声かけです。

—事例—
43
いつもと違う行動をする

発語が少ないサチコさんは、日ごろは静かな利用者です。しかしこの日は、大きな声を出す、物を投げる、歩き方がおかしいなどのいつもと違う行動をしました。物を投げられた職員はショックを受け、「今日のサチコさんはおかしいから、ちょっと距離をおいたほうがいい」と考えてそっとしておきました。

ここに気をつけて 認知症のある人が、いつもと違う行動をする。表情は固く、嬉しそうな様子ではない。そこまで気づけたら、まず、体調の確認をしましょう。なかでも便秘は大敵です。認知症のある人は、体調が悪くなってもそれがどうしてなのかわからず、言葉で表現できません。介護者は本人のシグナルをキャッチして、症状が悪くなる前に対応しましょう。

このようにかかわってみよう

➡体調不良のチェックポイントをしっかりもつ

便秘や脱水については、013～015頁を参照してください。

① 便秘

認知症のあるサチコさんは、便が何日出ていないかを記憶したり数えたりすることができません。「何でこんなに気持ち悪いんだろう。そうか、便が4日出ていないからな」と理解ができれば、便秘のイライラも最小限におさえられるかもしれません。ここが、便秘に加えてサチコさんが苦しんでいるところです。

利用者が便秘だとすぐに下剤を使う介護現場を見かけますが、下剤の中には腸の動きを強くして排便をうながす種類のものがあります。不自然な腸の動きがあっても認知症のある人は、それが薬の効果だと認識できず、より不安になることがあります。

② 脱水

血液中の水分が少なくなると、栄養と酸素が十分運ばれなくなります。脳の血管はとても細く、水分が少なくなって血流が悪くなり酸素が届きにくくなると、脳への栄養も酸素も不足するため、頭がボーッとしたり、今までとは違う行動をとったりします。サチコさんの様子がいつもと違う原因が、こうした脱水の影響ではないかを確認しましょう。

脱水の症状としては、オシッコが出ない、熱が出るなどがありますが、尿や体温に変化が出る前に脳の活動が反応します。私たちは便秘の気持ち悪さはわかりますが、脱水で自分の身体がどうなってしまうのか、あまり実感したことはありません。だから便秘よりも気づくのが遅くなりやすいのです。お年寄りには、こまめに水分を摂ってもらいましょう。

接し方の5step 体調を確認する声かけとチェック項目

step 1 傾聴

サチコさん、どうされましたか？
いつものサチコさんじゃありませんね。

まずは話を聞く

step 2 受容＝共感

顔が険しいですよ。
何か嫌なことがありましたか？

あー、腹が立ちますね。イライラしますね。
とにかく怒っていますね。

私の心を整える

step 3 繰り返す ほめる

【取り付く島がない様子なら、言葉を少なくして、静かにそばにいる】

私を受け容れてもらう

step 4 チェック項目

①最終排便はいつか　②最終排尿はいつか
③食事量は変化ないか　④水分は摂れているか
⑤排便・排尿量は十分か　⑥脇の下は湿っているか
⑦下剤を使用しているか　⑧熱はないか

観察する

step 5 対応と目標

チェック項目をふまえて、便秘か脱水か、他の体調に関する問題があるかどうかを想定する。
介護目標を設定し、ケアを実施する。

●介護目標（例）
・牛乳やヨーグルトで排便をうながす
・水分量を増やす

ケアを実施する

事例
44

夜中に大声を出して歩き回る

先月グループホームに入居したシンジさんは、長年、一人暮らしをしていました。シンジさんは、夜の7時頃に一度寝て、未明になると起きてきます。そして、他の入居者の個室を開けて、「魚はいらんかねー！」と大声を出して扉を閉めることを繰り返します。ある日、スゲさんが「その声で眠れない」と強く抗議してきました。

ここに気をつけて シンジさんは、夜7時に寝て、未明のうちから魚を売って歩く。それが長年の生活習慣だったのかもしれません。家族に生活歴を確認してみてください。シンジさんが楽しそうに魚を売っているなら、原則、問題ありません。シンジさんが続けたい生活を守ってあげてください。

このようにかかわってみよう

➡一人の人から地域をつくる

シンジさんは認知症の症状が現れるようになったため、一人暮らしの継続が難しくなりました。今まで通りの生活スタイルが続けられなくなると、「独居は危険だ」「周囲に迷惑がかかる」と判断されて、施設入居となります。しかし、この「危険」「迷惑」は誰にとってのことでしょうか。ここに問題の本質があります。別居している親族、担当ケアマネジャー、隣近所、行政……。誰なのでしょうか。本人は納得して暮らしているのですから、そのまま「在宅ひとり死」に至っても本望だというなら、それがシンジさんの生き方であり、暮らし方となります。

しかし、独居老人の多くは本人以外の誰かの判断で、不本意な施設入居となるのです。そうして移り住んだ施設でも「迷惑だ」と言われたら、シンジさんはどこに行ったらよいのでしょうか。

薬でおとなしくさせる、部屋に閉じ込める、動けないようにするという対応は、介護サービスとはいえません。シンジさんはシンジさんの生活を継続するために施設に来たのです。ここが介護職の腕のみせどころです。

施設という新しい生活の場で、「いつものことだ」と、シンジさんを受け容れてくれる入居者には感謝を繰り返し伝えましょう。わかっちゃいるけど腹が立つという人には、心から謝罪の言葉を伝えましょう。スゲさんのように「私の生活はどうなるんだ！」と怒っている人には、具体的な対応を考えて一緒に取り組みましょう。例えば、スゲさんの部屋の内側から鍵をかけられるようにするとよいかもしれません。「自分ばかり損してるようで納得できない」と主張する人には、「認知症のお年寄りの生活づくりを私たちの仲間になって一緒に考えてくれませんか」とお願いしていきましょう。

こうして一人のお年寄のおかげで、認知症のある人と共に暮らせる「地域づくり（＝施設づくり）」に取り組むことができます。認知症になっても、安心して暮らせる地域や未来をつくっていきたいですね。

for

接し方の5step

激しく苦情を言う人への接し方

step 1
傾聴

スゲさん、どうされましたか?
【「あの利用者のせいで眠れない」という訴えをしっかり聞く】

まずは話を聞く

step 2
受容

そうですよね。夜中に大声を出されたり、部屋に入って来られたら困りますよね。

＝

共感

せっかく眠ったのに起こされると、本当に腹が立ちますよね。最初は我慢できても、仏の顔も三度までですよね。

私の心を整える

step 3
繰り返す ほめる

スゲさん、言ってくれてありがとうございます。
辛抱強いスゲさんが言うくらいだから、他の人はもっと怒っているでしょう。

私を受け容れてもらう

step 4
質問

・眠れないとつらいですよね。
・お部屋の位置を変えてみましょうか?
・スゲさんの部屋の内側に鍵を付けてみましょうか?

心配を伝える

step 5
ケアへの声かけ

いろんな人がいるから、心配ばかりかけて申し訳ありません。私たちもできるだけスゲさんや皆さんにご迷惑がかからないように頑張ります。

お願いをする

注：この事例は、シンジさんではなく、個室を開けられたスゲさんへの声かけです。

バイタルチェックを拒否する

医師から「シロウさんの朝、昼、晩の血圧が知りたい」と指示が出たので、測りに行きました。するとシロウさんはバイタルチェックや血圧測定を嫌がり、身体に触れさせてくれません。「血圧を測るくらいいいでしょう。なぜそんなに嫌がるの。いい加減にしてください！」と強く言いましたが、暴れるのでうまく測れませんでした。

ここに気をつけて シロウさんが嫌がることを書き出してみましょう。そこに共通項が見えたら、その理由を読み取って対応しましょう。何の共通性もなく、具体的な理由も見当たらず、ただ嫌がっているのなら、職員の態度（接し方）が嫌なのかもしれません。拒否されたからといって、介護者の不愉快な気持ちを認知症のある人にそのままぶつければ、不愉快と不愉快がぶつかって、より険悪になります。例えば、「やりなさい」という態度よりも、「お願いします」という言い方のほうが受け容れられやすいでしょう。

このようにかかわってみよう

➡「お前が言うなら仕方ないなぁ」と言ってもらえる私

認知症のある人が嫌がることがあります。例えば、食事・排泄・入浴などの日常生活行為を拒否する場合、その行為を嫌がるというよりも、それをうながす人の態度（生意気だ、おしつけがましいなど）を拒否していることがあります。その他にも、関係性（どうしてお前から言われなきゃいけないんだ、お前とは嫌だなど）や、過去にその生活行為で嫌な思いをした経験がある（痛かった、怖かったなど）、あるいは場所やタイミングが悪いということもあるでしょう。この場合は場面を変えて、「こういう理由で嫌がっているのかもしれない」と考えながら再チャレンジしていきましょう。

特に、過去の体験が記憶ではなく感情として残りやすい認知症のお年寄りを、理屈で説き伏せようとしたり、私たちの見当識（いわゆる常識）で正論を言っても、本人は不愉快にしか感じないでしょう。このままだと状況も関係性もどんどん悪くなるので、介護者は自分がムカついているなと感じたら、いったんその場所や状況から離れましょう。

その行為をしなかったからといって、お年寄りの命や危険に直接かかわらないような緊急性の低いことならば、介護者は自分の言葉で自分の気持ちを切り替えましょう。本人がニコニコして「それ、やってみる」という気持ちになるには、どんなやり方があるかなとあの手この手を試してみてください。余裕をもって、つまり遊び心をもって本人の笑顔を引き出すことにチャレンジしてみましょう。ふざけ合ったり、冗談を言いながら、「お前が言うならしょうがないなぁ。やってみるかな」なんていう場面をつくる。これを大人の付き合い方といいます。

for

接し方の5step

バイタルチェックを嫌がる人への接し方

step 1 傾聴

おはようございます。それではシロウさん、血圧を測りましょうか。よろしいですか？

まずは話を聞く

step 2 受容＝共感

そうですよね、嫌ですよね。いつも嫌なことばっかりする私でごめんなさいね。

私の心を整える

シロウさんが嬉しいことって何でしたっけ？（行動：食べること／外出すること等）だったかな、（お子さん／飼い犬等）だったかな。
ね、これ好きですよね（楽しい話題をする）。

step 3 繰り返すほめる

あ！　シロウさんが笑った！　嬉しいなぁ。シロウさんが笑ってくれると本当に嬉しいです。ありがとうね、シロウさん。笑うといい男ですね。

私を受け容れてもらう

step 4 質問

嫌なことばっかりする私だけど、どうしてもシロウさんにお願いしたいことがあるんです。お願いしてもいいですか？

心配を伝える

step 5 ケアへの声かけ

怖い先生がいてね、私はいつも怒られるんです。その先生が、「シロウさんの血圧を測ってこい！」って言うのよ。嫌だろうけど、私を助けてくれませんか？　お願いします。こんなこと頼めるの、シロウさんだけです。

お願いをする

事例
46

夜中に大声で泣き続ける

夜間せん妄があるセイコさんは、夜中になると大きな声で泣き始めます。夜勤の職員は悪い夢でも見たのかと思い、「静かにしてください。夜中ですよ！　みんなの迷惑になるでしょう」と言って起こそうとしましたが、まったく目が覚める様子がなく、声がどんどん大きくなっていきました。

ここに気をつけて 真夜中の悲しい声を聞きましたね。セイコさんのそばに行って、静かに聞いてみましょう。何がそんなに悲しいのか……。理由なんてない悲しさ、淋しさ。セイコさんは、心の奥にうごめく不安を夜の泣き声にして伝えています。だけど職員は、どうにもしてあげられません。

ただ、そばにいるだけ。何もしてあげられない自分の気持ちを味わってください。少しセイコさんに近づける気がしますよ。

このようにかかわってみよう

➡大きな自然にはかなわないけれど、私はその手を離さない

介護をしていると、生老病死（しょうろうびょうし）を通じて、人間は自然の一部なんだと思い知るような、どうにもならない現実を突きつけられることがあります。

そう、どうにもならないことなのです。

人が老いること、病に臥（ふ）せること、死んでいくことは、どんなに頑張って努力しても、どんなに心を込めて祈っても、どうにもならないことなのです。それをお年寄りは教えてくれます。今回は「夜に叫ぶ」という方法で私たちに伝えてくれました。

突然の叫び声ならば痛いところやケガはないかを確認し、トイレに行きたいのか、お腹は空いていないかなどを問うてみます。身体的なことでなければ安心していいので、介護者も深呼吸をして心を整え、お年寄りの心の中にゆっくり入っていく自分を意識します。

人が老い衰えていくのは自然なこととはいえ、生命体として弱っていく淋しさ、怖さ、悲しみは、死を身近に実感していない私たちが、その深いところを理解することはきっとできません。

夜間のお年寄りの大声は、強い風が吹きすさぶ真夜中の山のような感じです。「歳をとって生きるということは大変なことなんだな。そのことに自分は何もできないんだな」と知ることで、人は謙虚さを知ることになります。何もできない自分を味わってください。

ただそばにいるだけ、その人の部屋の前で記録をとる、その人の部屋で洗濯物をたたむ、「いつでもここにいます」ということを手を握って伝えてください。それしかできない自分を味わって、朝が来るのを待ちましょう。

for

接し方の5step

夜中に大声を出す人への接し方

step 1 **傾聴**

セイコさん、どうされましたか？
怖いですか？　心配ですか？
悲しいですか？　誰か来ましたか？

まずは話を聞く

step 2 **受容**

夜になると、自分ではなくなっちゃうんですね。
自分だって、セイコさんだってわからないんですよね。
夜は嫌ですね。

＝

私の心を整える

共感

淋しくて淋しくて、どうにもならなくなるんですね。
何だか、ぐーーんって悲しくなるんですね。

step 3 **繰り返す ほめる**

私を受け容れてもらう

どうしてこうなっちゃうのか、どんどん淋しくなる、悲しくなりますね。セイコさんは、何にも悪くないですよ。セイコさんのせいじゃないですよ。

step 4 **質問**

私、ここにいていいですか？　手を握っていいですか？　ずーっと一緒にいてもいいですか？

心配を伝える

step 5 **ケアへの声かけ**

セイコさん、セイコさん、大丈夫。大丈夫ですよ。ここにいるよ、いつもいるから、大丈夫（背中をさすって）。いつも一緒にいてくださね。

お願いをする

夜、寝ないで何かをしている

夜間巡回をしていると、ツカサさんがベッドの上で正座をしてゴソゴソと何かをしていました。職員が「何しているの！」と聞くと、おせんべいのカスと空き袋が見つかりました。職員は「こんな夜中に食べないでください！　もう寝てください、夜なんだから！」と言って残りのおせんべいを没収しました。ツカサさんは怒り出して、「泥棒だ！」と職員をなじりました。

ここに気をつけて　お年寄りは大人ですから、自分の好きなことを好きなようにしていただいてよいのです。ただし、認知症のお年寄りには、食べ物をのどにつまらせていないか、食べ物以外の危ない物を食べていないかなどに注意しましょう。没収するなど、失礼なことをしてはいけません。

！ このようにかかわってみよう

➡夜も起きてるよ、大人だもん

夜に眠らない。食事の時間に食べない。このような行為をする認知症のお年寄りにイラっとする自分に気づいたら、「自分はずいぶん管理的になってしまったなぁ」と、自分の変化に気づきましょう。

私たちは、家畜を飼育したり、調教しているのではありません。自分の指図で人を動かしたいと思って介護に当たっているのでもありません。「この人のためを思って、私は正しいことをやっている！言うことを聞かないこの人が悪いんだ。お年寄りだから、認知症だからどうせわかりゃしないし、そんな人たちにわからせてやるのが私の役割だ」なんて思っていませんか。

こんなふうに人間をとらえ、お年寄りにそんな態度をとる人と仕事はしたくはありませんよね。自分の介護が一番正しいと思っている人ほど、思い通りにならない現実を目の当たりにすると、「何とかしなければ」「何とかする」「何とかしなさい！」と、その内面にある支配性がだんだんむき出しになっていきます。

他人が食べているお菓子をとりあげるなんて、ひどいですよね。私たち介護者はこれから生活習慣を身につけようとする子どもにかかわっているのではありません。長い年月をかけて繰り返してきた生活習慣を生き方として、今、ここに在る大人を支援しているのです。この生活習慣を無理やり変えさせようとすれば、介護者との関係は悪くなり、その人の生活は崩壊してしまいます。

大人と大人の距離感を大切にし、事故につながるリスクに配慮するのが私たち介護者の役割です。そして、その行為（今回は、夜中に食べること）はその人が望んでしている行為なのか、できればこんなことしたくないと思っているのか、ここに注目して、今後の介護につなげてください。

for

接し方の5step

夜中に何かを食べている人への接し方

step 1

傾聴

こんばんは、ツカサさん。夜勤の佐藤です。今夜はよろしくお願いします。

まずは話を聞く

step 2

受容

おせんべいを食べているんですね。晩ご飯、あまり召し上っていなかったから、お腹が空きましたね。

||

私の心を整える

共感

夜中にテレビを観ながら食べると楽しいですよね。ここのおせんべい、おいしいですよね。

step 3

繰り返す ほめる

ツカサさんは歯が強いですよね。入れ歯がなくても上手に食べられますねぇ。おいしいお菓子をよくご存じですよね。娘さんはツカサさんの好物をよく差し入れしてくれますね。

私を受け容れてもらう

step 4

質問

お菓子、取りにくくないですか？　のどにつまったりしないですか？　お茶を持ってきましょうか？

心配を伝える

step 5

ケアへの声かけ

何か不便なことがあったら、いつでも言ってくださいね。今夜は私、ずっとここにいますから。

お願いをする

あとがき

お忙しいなか本書をお読みいただき、誠にありがとうございます。

家庭で、または仕事として介護をしていると、慌ただしいほどに日々が過ぎていきませんか。なかでも「認知症」が気になって、慌ただしさが疲れになりそうだったら、本書の事例の部分にさっと目を通していただくだけでも、認知症のある人へのまなざしが少し変わるのではないかと思っています。そして、時間のあるときに、全体を通して読んでいただければ、ご自身の介護の今までとこれからをとらえられると思います。そして、あなたの今の介護を落ち着いて考えることができるようになります。このように、介護者自身が変わることで、認知症のある人とのかかわりは大きく変わります。それをあなたの家庭や介護現場で実際に体験し、認知症がある人とよりよい関係が築けるようになれば、これ以上の喜びはありません。

本書は、私がフリーランスになって初めて上梓したものです。昨年春に開いた新人介護職員向けのセミナー「はじめての認知症ケア」にご参加くださった中央法規出版の寺田真理子さんから、認知症ケアについて本をつくりましょうというお申し出をいただいたのがきっかけです。ねばり強く最後まで支えていただき、ありがとうございます。また、私のセミナーの主催者でもある七七舎の森祐子さんと北川郁子さんにもお礼を申し上げます。特に森さんは、わがままな私の細かい校正作業に何度も付き合ってくれました。

そして、帯を書いてくださった上野千鶴子さん、ありがとうございます。上野さんとは、私が熊本の特別養護老人ホームで働いていたときからの長きにわたるお付き合いで、いつも叱咤激励をいただいています。

最後に、介護現場で一緒に働いてきた大勢の介護職の皆さま、そしてそこで多くのことを私に教えてくださったお年寄りとご家族の皆さまに深く感謝いたします。

2023年3月　髙口光子

著者紹介

高口光子（たかぐち みつこ）

元気がでる介護研究所 代表
介護アドバイザー
理学療法士・介護支援専門員・介護福祉士

公式ホームページ
genki-kaigo.net ▶ 

Facebook ▶ 

高知医療学院を卒業後、理学療法士として福岡の病院に勤務するも、老人医療の現実と矛盾を知る。より生活に密着した介護を求め、特別養護老人ホームに介護職として勤務。介護部長、デイサービスセンター長、在宅部長を歴任した後、2002年4月に静岡の医療法人財団百葉の会、法人事務局企画教育推進室室長及び生活リハビリ推進室室長を兼務するかたわら、介護アドバイザーとして全国を飛び回る日々を送る。2006年に老健「鶴舞乃城」の開設・運営に携わり、翌年4月に看介護部長となる。2012年5月には新設の老健「星のしずく」の立ち上げに携わり看介護部長を兼任する。現場で若い運営スタッフやリーダー育成に取り組む一方で、講演、書籍の執筆、テレビ番組に出演し、等身大の発言･活動で現場を変革しようと精力的に日々を送る。

より自由な立場で「介護現場をよくしたい」の一念にて、2022年4月「元気がでる介護研究所」を設立し代表となる。現場改善、人材育成などの研修・講演活動、介護相談・コンサルティングを継続している。

著書に、『介護施設で死ぬということ』（講談社）、『介護の毒は孤独（コドク）です』（日総研）等多数。

「どうしよう!」「困った!」場面で役に立つ
認知症の人の心に届く、声のかけ方・接し方

2023年4月15日　初版発行
2024年5月27日　初版第4刷発行

著　者　高口光子
発行者　荘村明彦
発行所　中央法規出版株式会社
〒110-0016
東京都台東区台東3-29-1　中央法規ビル
03-6387-3196
https://www.chuohoki.co.jp/

編集協力：七七舎
イラスト：吉塚加代子
ブックデザイン：mg-okada
印刷・製本：新津印刷株式会社

ISBN978-4-8058-8880-3

定価はカバーに表示してあります。
落丁本・乱丁本はお取り替えいたします。

本書の内容に関するご質問については、下記URLから「お問い合わせフォーム」にご入力いただきますようお願いいたします。
https://www.chuohoki.co.jp/contact/